ワークブック「対話」のための
コミュニケーション

―ピアメディエーションによるもめごと防止―

ピアメディエーション学会 監修
水野修次郎・井上孝代 著

協同出版

目次

Part I　ピアメディエーションの実際
水野修次郎

はじめに〜ピアメディエーションを支える4つの柱〜────── 6
- 1．コミュニケーション力の育成 ──────────── 6
- 2．レジリエンスとエンパワメント ────────── 8
- 3．いじめ防止となるルールの構築 ────────── 9
- 4．実際にトラブルを解決できるコンピテンシー ──── 10

第1章　ピアメディエーションの導入──────────── 11
- 1．ピアメディエーション導入の効果 ────────── 11
- 2．ピアメディエーションの導入について
  よく問われる質問 ─────────────── 13
- 3．ピアメディエーションの導入とその注意事項 ──── 19
- 4．まとめ ─────────────────── 23

第2章　もめごとの解決にむけて────────────── 26
- 1．コミュニケーション力 ─────────────── 26
- 2．もめごとの種類とその原因 ─────────── 28
- 3．もめごとが発生する原因：基本的欲求の阻害 ──── 34
- 4．その他のもめごとやトラブルの原因：関係性の問題 ── 36
- 5．ものごとに対処するスタイル ────────── 39
- 6．もめごと解決のスタイル ───────────── 41
- 7．もめごとから学ぶ ───────────────── 43

第3章　理解する、問題の明確化、感情の理解 ― 48

1. 話を聞く態度 ･･･ 48
2. 聞く全体構造 ･･･ 49
3. メディエーターの仕事 ･････････････････････････････････ 51
4. 会話を促進する方法 ･･･････････････････････････････････ 53
5. 話を聞く技術 ･･･ 54
6. 質問の仕方 ･･･ 58
7. 感情のリフレクション ･････････････････････････････････ 62
8. 認めること（acknowledge）･････････････････････････････ 64

第4章　会話を促進する技術 ― 66

1. コミュニケーション問題の解決 ･････････････････････････ 66
2. ステレオタイプと偏見 ･････････････････････････････････ 71
3. 力の関係 ･･･ 73
4. リフレーム ･･･ 75
5. 明確化 ･･･ 77
6. エンパワメント ･･･････････････････････････････････････ 79

第5章　争いごとの解決に必要な能力 ― 82

1. 立場と視点の理解 ･････････････････････････････････････ 82
2. 感情をコントロールする能力 ･･･････････････････････････ 84
3. 困難な状況を創造的に生かせる能力 ･････････････････････ 87
4. 現実的で将来性のある批評力 ･･･････････････････････････ 89
5. 目標を設定する能力 ･･･････････････････････････････････ 90

6．問題解決アプローチ ……………………………………… 91

第6章　事案の整理 ──────────────────── 96
　　1．イッシュー・ポジション・インタレスト ……………… 97
　　2．なぜインタレストが重要なのか ……………………… 101

第7章　メディエーションの実際 ─────────────── 103
　　1．プロセス ………………………………………………… 103
　　2．メディエーターの役割 ………………………………… 106
　　3．同意書の作成 …………………………………………… 110
　　4．メディエーションの実習 ……………………………… 111

第8章　もめごとや紛争を超えて ─────────────── 119
　　1．謝罪すること …………………………………………… 120
　　2．ゆるし (forgiveness) の実践 ………………………… 121

Part Ⅱ　もめごとや紛争（コンフリクト）を超えて和解へ～対話による創造的転換（トランセンド法）とホーポノポノ～　　井上孝代

はじめに ──────────────────────────── 128

第9章　対話による創造的なコンフリクト転換（トランセンド法）
　　　 ───────────────────────────── 129
　　1．調停とトランセンド法 ………………………………… 129
　　2．「対話」型コミュニケーションの重要性 …………… 130

3．「対話」型コミュニケーションの３つの特徴：
　　　　「傾聴」・「共感」・「創造性」 …………………………… 134
　　4．ブレーンストーミング ………………………………… 138
　　5．和解に向けて ……………………………………………… 139

第10章　【コンフリクト転換】（トランセンド法）のワーク ───── 141
　　ワーク１：コンフリクトの５つの決着点 ………………… 141
　　ワーク２：さまざまなコンフリクト転換 ………………… 143

第11章　ホーポノポノ
　　　　－「和解」の総括ともいえる12番目の方法－ ─────── 152
　　1．ハワイにおけるホーポノポノとは ……………………… 152
　　2．ホーポノポノの５つの手続 ……………………………… 153

第12章　ホーポノポノのワーク
　　　　「いじめ防止」のための学校現場に生かすピアメディエーション体
　　　　験講座〜アニメーション「みんながHappyになる方法」を基に〜 ── 154

【コラム】「トランセンド法」から得た地域医療再生のヒント ──── 166

付録　ピアメディエーション学会の設立について ──────────── 169
　　【設立の趣意書】 ……………………………………………… 169
　　【ピアメディエーションの特色】 …………………………… 169

Part I

ピアメディエーションの実際

はじめに〜ピアメディエーションを支える4つの柱〜

1. コミュニケーション力の育成

　ピアメディエーションでは、すべての人のコミュニケーション力を育成して、対話によってトラブルを解決する方法を学ぶことに主眼を置いている。誰もが問題の解決者となり、社会のルールを設定し、平和な社会を建設できる能力を育成することを目指す。つまり、「予防効果」「エンパワメント」「実際のトラブル解決」という3段階の効果を期待している。課題や問題、トラブルの解決に参加できるエンパワメント（自分自身の力で問題や課題を解決していくことができる社会的技術や能力を獲得すること、そのような力をつける）の教育ができる。

　21世紀では、70パーセント近くが第3次産業、つまりサービス産業で働く。サービス産業で必要な能力は第1にコミュニケーション能力である。しかし誰もがコミュニケーション能力をもっているわけではない。コミュニケーションが苦手な学生でも、その能力が必要な職種を希望する。コミュニケーション能力が欠けると社会的な引きこもりという結果もある。

対話文化を形成する

　いじめをなくす方法は、誰もいじめられないようにすることである。それをエンパワメント教育で行う。そのために対話力をつける。それから対話の文化を学校や社会に形成する。力が支配しない学校文化や社会のルールを構築するのである。

　ピアメディエーションは、課題や問題、トラブルの解決に参加できる教育を行う。

学校や社会にルールを確立する

どうやっていじめを解決するかを教えて、学校だけでなく社会の中にその文化を作らなければならない。WIN-WINの解決を打ち立てるために、同意を形成するプロセスを教えて、学校や社会のルールを確立する。学校で最初にできることは、クラスのルール作りである。そのルールに沿ってクラスのことを決めていくと、子どもたちには一般的な行動を期待できる。話し合いのルールをつくるのがピアメディエーションである。

多様な意見から合意を形成する方法

そして、「複眼的物の見方」である。自分の立場、人の立場、社会の立場。そしてもっと大きな地球という立場、宇宙という立場で見るさまざまな視点をもつことができるようになる。ピアメディエーションは、単なる話し合いではなく、ルールを作って話す。その**ルールを徹底させる**方向に向かって進むという一貫性がある。話し合いのルールができれば、一貫した方向に向かって対話の**プロセスを明確に**していく。そして、平和な社会の文化を作るために、さまざまな創造的な複数の解決策を考え出すブレーンストーミングを使う。

ピアメディエーションができることは次の5つである。

第1に、意見の違いを乗り越えて同意を形成する能力を育成できるようにする。そして事実を客観的に理解する能力だけではなく、人はどのように**事実を認識する**かを理解できるようにする。

第2に、共感しながら、激高することなく、**自己の感情をコントロール**できる人間力の育成である。

第3に、自己の意見や気持ち、何に関心があるかを相手に理解してもらえるように**的確に表現できる能力**の育成である。

第4に、難解な問題を粘り強い態度で解決に向かって努力し、**創造的なひらめき**によって解決できる能力の育成である。

第5に、具体的なレベルだけでなく、**抽象的なレベル**でも内省して考える力、未来への信頼などができる能力の育成である。

ピアメディエーションは、現在いくつかの学校で導入されていて、対話教育、コミュニケーション能力の育成をして、ソーシャルスキルトレーニングも同時に行っている。

2．レジリエンスとエンパワメント

レジリエンス (resilience) とは、回復力のことである。ストレスがかかると物体はへこむ。回復力がある物体は、元の状態にもどる力がある。ところが、この回復力、すなわちレジリエンスに欠けるとへこんだままになる。レジリエンスは4つの側面で測定できる。①個人の内的資源の認知、②個人の内的資源の活用、③環境資源の認知、④環境資源の活用である（井隼・中村、2008年）。

個人の内側の資源には、個人の弾力的なパーソナリティや解決方法が予測や対処できるという確信がある。個人の外側の資源には、家族や友人などのサポート、学校や社会の中に個人を支えるさまざまなサポート資源がある。

ピアメデシエーションは、コミュニケーション能力を身に着けて、実際に困難な対人関係のトラブルを解決できる具体的な方法を教える。そのために、自分に対する**強い有能観**が育まれる。このなんとかできるという感覚がレジリエンスの基本である。

エンパワメント教育は、いじめに対して何もできなく無力に感じている個人に問題に対処する力や方法を授けて、実際に対処して解決することを可能にする教育である。

エンパワメントに含まれるものは以下がある。
*　自分にとって大切なものをより明確に知る。
*　状況を適切に判断して、何がしたいか、何に関心があるかが分かり、その理由が分かり、気持ちも分かる。

＊　対処のための行動オプションが作成できて、選んだオプション選択が実行可能であるかを理解する。
＊　オプション選択する自由があり、コントロールもできる。
＊　問題解決をするための新しい知識・技術を修得できる。
＊　目標達成のために、新しい資源や、すでに手元にある資源を活用できる。
＊　援助を求め、援助を受け入れ、援助を得ることができる。
（困っている時に何ができるかを知る）
＊　自己の長所や弱点を客観的に評価できる。
＊　客観的な評価に基づいて自己決定できる。

　レジリエンスを備えた子どもになるようにエンパワメントするのが教育の役目である。しかし、すべての出来事を個人の能力だけの責任にするわけにはいかない。安全な暮らしを支える環境を構築することが家庭、学校、コミュニティの課題となる。社会には、学校や教室で安全に子どもが学びに集中しやすい安全な環境や文化を育成する責任がある。

3．いじめ防止となるルールの構築

　学校、クラスの中で起きているいじめの問題は、日本の社会の中で起きている人間関係との並行現象である。クラスの中だけで起きている問題ではない。家庭の中、職場の中、地域社会の中で、クラスと同じような人間関係によるもめごとが起きている。その原因の一端は、社会のルールや規範が必ずしも多くの人に共有されていないことが考えられる。

　学校でのもめごとの解決は、**対話による解決の文化を築く**ことによって達成できる。対話の文化を作る方法として、いじめとは何かを子どもたちが自分たちで定義し直して、人を貶めるようなひどい言葉を使わないなどのルールを決めて、それを明確に確認することである。次に、これが標準的に共有される

ルールになるように努力する。そうすれば、次に何か起きた時に、「知っているでしょう。それっていじめだよ」と示せる。

大学の学生に質問してみると、ほとんどの学生は「人に迷惑をかけてはいけない」と言われて育っていた。ところが、若干の学生は「多少迷惑をかけてもいいから、自分のやりたいことをやりなさい」と教えられている。「思いやりが大切」と言うが、思いやりの中身は必ずしも共有されてはいない。具体的行動としての思いやりを共有する必要がある。そのために、対話のルールを共有する方法としてピアメディエーション教育が役に立つ。

4．実際にトラブルを解決できるコンピテンシー

ピアメディエーション教育は、実際にトラブルを解決できるようにする教育である。誰もが自分で実際にトラブルを解決できるようになるまで、実際にコーチングをする、解決モデルを提供する、スキルを教える。また、社会に話し合いの文化を構築する。実際に話し合いで解決するプロセスが機能する文化を育成する。さらに、実際に解決してみせる。このような覚悟がピアメディエーション教育を実現させる。

本書のワークブックをこなしていくと、問題解決のスキルや態度が身に付く。これが自信となって、問題解決のコンピテンシーを高めることができる。

OECDが「キー・コンピテンシー」の領域を3つ定めた。
① 社会・文化的・技術的ツールを相互作用的に活用する能力
② 多様な社会グループにおける人間関係形成能力
③ 自律的に行動する能力

ピアメディエーション教育は、まさしく社会技術の応用、人間関係を築けるコミュニケーション能力の育成、自律して行動できるための訓練を提供できる。

第1章　ピアメディエーションの導入

1．ピアメディエーション導入の効果

あなたの住んでいる社会に、ピアメディエーションを導入すると、次の具体的な効果が期待できる。

(1) 予防効果

第1番目は、対話でトラブルを解決できるという信頼があなたの地域社会に育つことである。対人のもめごとやトラブルは対話で解決できるようになるので、暴力を用いる必要がなくなる。または、トラブルから逃避し、絶望し無力に感じる必要もなくなる。

(2) 社会技術の育成

次に、社会技術を育成することができる。社会技術を得ると、相手に理解してもらえるように、相手を怒らせないように自分の意見を表明できるようになる。このような社会技術には、相手を理解できるようになる聴く技術の訓練、解決策を提案できる能力の育成、同意を形成する訓練の実施が含まれる。

(3) トラブルの実際的な解決

人間社会で起きる問題、例えば友人間の金銭トラブル、誤解、部活の人間関係、物の貸し借り、中傷や流言によるトラブルなどを実際的に解決できるようになる。このような仲間内でのトラブルは、感情的なしこりが残ることが多く、教師やリーダーだけの努力では完全に解決できない分野でもある。

(4) 地域社会にルールが確立する

平和な社会が建設できる。トラブルを未然に防ぐことができるようになり、実際にトラブルが起きたとしても、当事者が問題の解決者として積極的に解決に参加することができる。対人トラブル解決の方法が全体で共有されることに

よって、ルールが確立する。コミュニティに共通するルールが確立し、生徒、保護者、教師、地域社会の住民に共有されることによって静かに学習できる平和な環境が約束される。

このようにピアメディエーションには、誰もが問題の解決者となり、社会のルールを設定し、平和な社会を建設できる能力を育成できる。つまり、予防効果、エンパワメント、実際のトラブル解決という3段階の効果が期待できる。大きな意味でのピアメディエーションから、ピアメディエーションのプロセスそのものを指す意味までの展開は以下になる（図1－1参照）。

① 解決に参加できるエンパワーの教育ができる。
② 学校・家庭教育力の復権が望める。
③ 現実に即した解決ができる。
④ 同意を形成するプロセスが確立できる。
⑤ 学校や社会のルールが確立する。

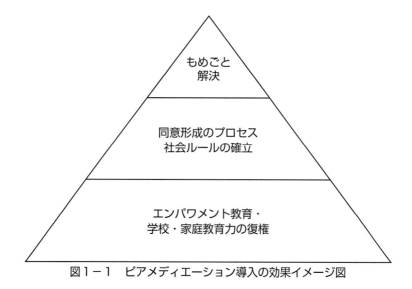

図1－1　ピアメディエーション導入の効果イメージ図

2．ピアメディエーションの導入についてよく問われる質問

次にピアメディエーションを導入する際によく問われる質問とその回答を述べよう。

> Q1　仲間が仲間のトラブルを解決できるのか。教師や保護者が生徒の問題を解決したほうがよい解決ができるのではないか。ピアメディエーションをすると当事者に都合のよい解決となるのでは。

《回答》

ピアメディエーションが目指すものは、対人コミュニケーション能力の育成、自律した人間の育成、同意を形成する能力の育成、共同して建設する共同社会の建設である。人間は、成長段階に応じて自己の行動に対する責任が問われる。ピアメディエーションは、幼児、小学生、中学生、高校生、成人と発達段階に応じたプログラムを準備する必要がある。しかし、そのプログラムの中身は一貫して平和な学校や平和な社会の建設を目標にしている。教師や大人は、子どもたちを人生のよき案内人として教育し養護し保護することができる。しかし、子どもたちには自分たちの行動に責任があることも教える必要がある。このバランスが問われる。

誰もが自分たちで責任を取る範囲内で、お互いに解決に向けて努力できることを知る必要がある。人の社会ルール確立には、地域のリーダーがその社会の住民に厳罰を課すという厳しいルールを設定する方法もあるだろう。ピアメディエーションは、暴力を否定し、自律と対人能力の育成、同意と協働して建設する社会ルールを尊重する立場といえる。

> Q2　メディエーター（調停者）は本当に中立の立場を保てるのか。日本の文化ではメディエーションは不可能ではないか。

《回答》

　中立というのは難しい概念である。中立には、メディエーターがどちらの側にもくみしない、問題解決の提案をしない、という原則がある。ここで問われるのが、ピアメディエーションプロセスが厳格に守れているかである。中立という意味は、実はこのプロセスが厳格に管理されているという意味である。

　対人トラブルが満足に解決したと思えるようになるためには、以下の3つの条件がある。

①　問題の解決がされた方法（プロセス）に満足する。

②　問題解決の中身に満足する。

③　怒り、悲しみ、つらさなどの感情が理解されたことに満足する。

　以上の条件が満ちないと、以下の不満の声が聞こえてくる。

「問題は解決できたけれど、あのやり方は納得できないな。教師の一方的な押し付けによる解決だったよね」

「問題は解決したけれども、全く気持ちが分かってもらえなかったな」問題の解決はその解決方法（プロセス）の納得も気持ちの理解も含まれる。中立の立場は、メディエーターの役割を問題解決のプロセスを受け入れる当事者によって保持されることによって確約されるものである。その意味では以下の5段階のメディエーションのプロセスは絶対に守る必要がある。

第1段階　調停に同意する。

第2段階　お互いの意見を明確に理解し、ニーズや気持ち、利害や関心に焦点を当てる。

第3段階　解決策のオプションを複数作成する。

第4段階　複数のオプションからお互いに同意できる解決策を選ぶ。
第5段階　同意を得て、同意書を作成する。

　このプロセスによって問題を解決することに同意することによって、対人トラブル解決ができるというシステムを学校に組み込むことが可能となる。

　多様な意見や価値観が社会を豊かにするという一面もあるが、現在はそのマイナスの影響が多く出ているので、社会ルールに混乱が生じているのは否定できない。私たちは、皆に受け入れられる新たなルールを再構築することによって多様性がはじめて尊重される。そのために、話し合いによって同意形成するという文化を新しい日本の文化に加える必要性がある。

> Q3　ピアメディエーション教育を学校に導入するよりは、罰則や厳しい規則によって問題は解決できるのではないか。

《回答》
　罰則を課すのは、その人の行動上の問題があるからだ。ところが、罰則では人間関係の問題を解決することができない。つまり、罰則で解決できる問題と罰則では解決できない問題がある。人間関係の問題が規則を破るような暴力問題に発展しなければ、人間関係の問題に罰則を科すことはできないことになる。また、罰則の焦点は規則を破った行動にあり、人間関係や人の気持ちは軽視する傾向にある。対人トラブルは、人間関係を学ぶ絶好の学習チャンスである。ところが、対人トラブルのために暴力行為をしてしまった児童や生徒たちに罰則を科しても、加害者も被害者も自分たちのトラブルから何も学ぶことなく終わってしまうことになりかねない。ピアメディエーション教育は、暴力以外の方法を用いて自分たちで解決できる方法を提案し、解決に向けて努力できる方法を提示する。

> Q4　規則違反や犯罪性のある暴力問題をピアメディエーションで解決するのか。

《回答》
　ピアメディエーションでは、犯罪問題は扱わない。海外の学校でも、薬物や犯罪性が疑われるトラブルやナイフとか生命に危険な状態になる事件は、扱わないことにしている。このことは明確にしておく必要がある。もちろん、ピアメディエーション教育によって、そのような危険な暴力問題を防止することができる。もう一度確認しておこう。「ピアメディエーションは暴力を否定し、暴力に頼らなくても対人トラブルは解決できる方法を提示する」。

> Q5　ピアメディエーション教育などの全く新しいものを導入する余裕はない。

《回答》
　確かに教師は多忙である。ピアメディエーションを導入することになると新しいことを学ぶ必要があると思える。実際には、すでにピアメディエーションの要素は幾分か学校では実践されているのであるが、そうとは気がつかないだけなのだ。ピアメディエーションの例を挙げよう。ある1年生の女子中学生A子がいじめられた仕返しとして、その子（B子）の筆箱からに3本の鉛筆を取った。鉛筆を盗まれたB子は、いじめたことは忘れて鉛筆を盗まれたと訴えてきた。盗みであるので、担任としての解決方法は盗んだこの女子生徒を処罰すれば解決することになる。しかし、処罰しただけでは人間関係のもつれは解決できていないことになる。そこで、担任はお互いに別室で面接して言い分と

気持ちを聞いた。その後、多少危険性があると思えたが、この２人に直接に話し合ってみることを提案してみた。幸いに、教師の導入とガイドによって、いじめられていた女子生徒の傷ついた気持ちを理解した。さらに、Ａ子は盗みがいけないことを十分に理解し、保護者にも事実を知らせることを了解した。Ａ子とＢ子は担任の斡旋で和解したのである。

　この問題を解決するために担任は莫大な時間を費やした。メディエーション教育を実施した場合には、どのようなことになるであろうか。第１に、このような問題は発生することがなく予防することができたであろう。第２に、発生したとしても相手を怒らせることなく自分の意見を明確に表明することもできたであろう。さらに、盗むという暴力的な感情的な方法によらなくても、ピアメディエーションを用いて、生徒が共同して解決することもできたであろう。つまり、教師はピアメディエーション教育によって、多くの問題から解放され、生徒が自分たちで解決してくれるようになる。

Q6　カウンセリングとピアメディエーションは同じものではないか。

《回答》
　カウンセリングもピアメディエーションも生徒の問題を解決のための援助をするという意味では同じことをする。以下の重要な違いが２つある。

① ピアメディエーションは主として人間関係を得意とする。一方、カウンセリングは「こころの問題」を扱うのを得意とする。

② ピアメディエーションは短期的に問題を解決する。一方、カウンセリングは長期に及ぶ個人のサポートや個人の「こころの成長」を促進することができる。

カウンセラーは、よくこう思うだろう。メディエーションでは、深い人生の意味の発見とか、個人の人生課題の追求とか、心理的な問題解釈とか、というような問題に直面することがないので、真の意味では生徒を援助しないと。この意見に対する反論は、「対人関係のトラブルはこころの問題を映していることも多い」という意見である。ピアメディエーションによって、こころの成長することも可能である。いずれにしても、ピアメディエーションは、カウンセリングにとって代わるものではない。ともに、平和な学校を建設するために重要な役割を果たす。

　Q5のA子とB子の例をもう一度この観点から見直してみよう。ピアメディエーションにこのケースを持ち込み、A子もB子のお互いの主張と感情を理解して、歩み寄り、A子は盗んだ鉛筆を返し、謝罪し、学校からの罰を受ける。一方、B子はA子を傷つけてしまったことや、A子がいかに苦しんだかを理解し、いじめという行為に対して謝罪をする。熟練したメディエーターがいれば、このような同意に達するのに30分から1時間ぐらいで可能であろう。

　ところが、A子にカウンセリングをして、A子が自分の気持ちと向き合い、何が起きているかを理解し、A子の親との関係、仲間との関係などを考察し、新しい洞察を得て自分の欲求を社会的に認められた方法で実現できるようになるには、ピアメディエーションで問題を解決するよりももう少し多くの時間が必要であろう。

　お互いの強みを生かしながら、カウンセリングとメディエーションは協力することができる。

Q7　ピアメディエーションと、社会技術訓練、アサーション訓練、エンカンターグループ、ピアカウンセリングとどこが違うのか。

《回答》

　ピアメディエーション教育が目指すものは平和な学校の建設である。社会技術や個人の心的成長、グループ体験などと本質的な違いは、ピアメディエーションは「同意を得るルールを構築する」ということにある。

　ピアメディエーション教育は、まず個人のコミュニケーション能力を育成し、合わせて対人トラブルを処理する社会システムの構築をすることである。したがってコミュニケーション能力を促進する教育、すなわち人間関係を促進する社会技術訓練、相手の人権を尊重しながら自分の人権をさわやかに主張するアサーション訓練、グループの育成や成長によって個人の成長を促すエンカウンターなどのグループ体験、共助を目指すピアカウンセリングなどは、すべてピアメディエーションを成立させる学校環境を整えるために実施される。

　ピアメディエーションが実現するために協同学習を推進するグループもある（ジョンソンD.W.・ジョンソンR.T.・ホルベックE.J.著『学習の輪－アメリカの協同学習入門』二瓶社、1998年）。クラスの中で互いに協力して課題をこなす能力は、育成するものであるという立場である。協同学習によって個人の責任と社会能力を育成するというのである。

3．ピアメディエーションの導入とその注意事項

　ピアメディエーションを社会に導入する手順といくつかの注意事項がある。
① 地域社会や学校のニーズを知り、それに対応すること。ピアメディエーション教育のどの要素が適応できるかを予測する。
② 校長や教頭の理解とサポートを得ること。校長のサポートがあると高い効果が期待できる。
③ 教職員や生徒を含めて、できるだけ多くの人が参加できるプログラムにすること。
④ 総合的なアプローチを展開すること。学校内を安全な環境にして、生徒

が対人トラブルに対処できる能力を育成するために、学校システムで展開できるプログラムを考えること。
⑤　数年計画のプログラムがあるとよい。効果が出るには少なくとも3年計画が必要である。
⑥　学校を改革するには、継続的な努力が必要になる。

次にメディエーション教育導入の5段階モデルを提示する。
第1段階　教職員や生徒の主体的な参加を得ること。
　まず必要なことは、校長や教頭がピアメディエーションとは何かを理解することである。ピアメディエーションを導入するための調整的役割をする教員は学校の管理者と何回も会議を持ち、ピアメディエーションを導入する目的、目標、その効果、方法とその範囲について理解を深め、同意を得る必要がある。その際に、学校にとってのピアメディエーションのニーズがどの程度あるか、またどのような援助がどこから得られるかを調査する必要がある。また、教職員の理解を得るために、メディエーション教育の実演やトレーニングをする必要がある。
　学校に導入するさまざまな方法を述べよう。
①　放課後の特別活動として、クラブ活動、部活や生徒会の活動として。
②　公式な授業としてメディエーションを教える。社会、保健、生活などの教科に関連する内容として教える。コミュニケーション技術として教える。
③　ホームルーム活動や道徳などの時間を使い導入する。
④　生徒指導としてピアメディエーションを導入する。
⑤　すべての教育活動の中で包括的に導入する。cf. 協同学習などのピア活動を学校の教育方針とする。
⑥　教員の教育、あるいは生徒の教育。対人コンフリクトの解決方法を身に

つける。

　学校のニーズにあったプログラムを作成し、どのような規模で展開するかを決定すること。また、どのような問題をピアメディエーションで扱うことができるのかについてある程度の同意を形成すること。対人トラブルには、いじめのような暴力問題や金銭の貸借、誤解、関係の悪さ、何らかのストレスや圧力、風評による被害、などが考えられる。学校で規定している行動問題とその処罰（訓戒、停学、退学など）とのすり合わせをして、例えば犯罪性のあるものはピアメディエーションで扱わないことなどを合意して取り決める必要がある。

　注意することとして、ピアメディエーション教育は教科活動に入れることができるが、実際の学校内の対人トラブル解決をするピアメディエーションは、特別の教科外活動になることが多い。

第2段階　地域社会、教育委員会、保護者会などの理解を得て、できれば支援を得る。

　その際に、対人トラブルを速やかに解決できる、またその予防ができることによって、生徒が安心して学習に集中できる時間が増えるというメリットを強調すること。ピアメディエーターをトレーニングするには、生徒の保護者から理解を得る必要性がある。また、対人トラブルの解決方法としてピアメディエーションを導入するためには、保護者の理解が必要になる。

第3段階　ピアメディエーション教育の学習を開始する。

　ピアメディエーターとしての訓練を開始する。ピアメディエーターになる希望者を募集すること。生徒にはピアメディエーションの実際をロールプレイで実演できると希望者が増えるだろう。2時間から5時間くらいまでの短期のワークショップや訓練を数回実施し、参加できる生徒の数を増やしていく。

希望者や教職員から推薦を得た生徒だけが、メディエーターになる資格があるのだろうか。そうではない。以前に行動上の問題があった生徒でも、メディエーターになることに関心を示すことがある。暴力的な傾向がある生徒もメディエーター教育に巻き込むことができると高い効果が期待できる。

訓練プログラムの例
1．メディエーションルールの説明
2．対人トラブルの発生とその特色
3．解決方法の発見
4．怒りや悲しみなどの感情への対処
5．コミュニケーション技術の訓練、「言い換え」「要約」などの技法
6．他者の視点を理解する訓練
7．メディエーションプロセスの理解と実演
8．話を伝える技術。自分の視点や気持ちの表明
9．ブレーンストーミングの方法
10．問題の解決と解決にいたる同意の形成
11．守秘義務について
12．メディエーションプロセスの訓練

第4段階　ピアメディエーションを開始する。
　いよいよ実際のケースがピアメディエーションに持ち込まれることになる。調整に当たる教師は、持ち込まれるケースに応じて対応できるピアメディエーターを選ぶ。調整役の教師は、ケースを持ち込んだ対立している生徒が共にピアメディエーションによって解決する意思のあることを確認する。そして、メディエーションプロセスについて説明し、理解を得た後に実際のピアメディエーションを始める。メディエーションの席には、教師も同席することになる。

第5段階　フォローアップとして継続的にプログラムを強化する。

　ピアメディエーション教育を導入してからも、継続して啓発とメディエーション教育を実施する必要がある。広報活動を継続して、メディエーションに関する情報を提供し続けることが大切である。また、メディエーションに興味を持つ新しいメンバーを獲得し続けるなど、啓発活動をしながら現在のプログラムの実施状況を分析して、修正や新しい目標設定の必要性などを評価することが大切である。このような継続の努力によって、さらなる発展が期待できる。

　必要があれば、メディエーションの範囲を広げることもできる。例えば、親と子どもの対立、保護者と教師との対立、教師の間での対立、教師と生徒との対立を解決するために、熟達した教師メディエーターやあるいは中立の外部専門家メディエーターあるいは保護者に依頼してメディエーションを実施することもできる。

　メディエーションに関連するイベントを計画し、コンサート、展示、講演会、映画鑑賞、演劇の上演などを計画することもできる。

4．まとめ

　ピアメディエーションとその教育の導入は、ピアメディエーションを実施して生徒間のトラブルを処理する制度を作ることだけに注目する。実際は、もっと広範囲に学校を改革し、人間の関係の質を改善する可能性を秘めている。

　対人トラブルに直面した時、自らの責任がとれる範囲内で解決に向かって努力するというエンパワー教育によって、生徒はさまざまな能力を育成することができる。特に、自己を尊重し、他者を尊重し、ルールを尊重するという人間が育成できる。また、自分と異なる意見や見解を受け入れるだけではなくて、それぞれの意見を寛容と公正な態度で正当に評価し、同意を形成する能力が育成できるようになる。育成できる人間像は以下である。

① 事実を客観的に理解する能力だけでなくて、人はどのように事実を認識するかを理解できる人間の育成。
② 共感しながら、激高することなく自己の感情をコントロールできる人間の育成。
③ 自己の意見や、気持ち、何に関心があるかを相手に理解してもらえるように的確に表現できる人間の育成。
④ 難解な問題を粘り強い態度で解決に向かって努力し、創造的なひらめきによって解決できる人間の育成。
⑤ 具体的なレベルだけでなくて、抽象的なレベルでも内省して考える力、未来への信頼などができる人間の育成。

最後に、付け加えたいのが他者の過ちや実際にあった危害をゆるすという寛容さの教育、あるいは意図せずに犯してしまった危害に対して謝罪しつぐないをするという行動の修正の教育も、このメディエーション教育に含まれる。詳しいことは、拙著『争いごと解決学練習帳』（ブレーン出版、2004年）、あるいはエンライト著『ゆるしの選択』（水野修次郎監訳、河出書房新社、2007年）を参照してもらいたい。対人トラブルの多くは誤解やコミュニケーションの不足によって生まれる。過剰に反応してしまった、後から考えると自分にも過失があったと思うことも多い。

メディエーション教育を大きく取り巻く理念的背景には、人格教育（Character Education）や新しい公共社会を建設する運動がある。T. リコーナ著『「人格教育」のすべて―家庭・学校・地域社会ですすめる心の教育』（水野・望月訳、麗澤大学出版会、2005年）を参照願う。これらすべての動きは、社会ルールを再構築する方法について論じている。つまり、メディエーションもルールを尊重することによって対人トラブルを解決する方法を確立することを主眼とする。したがって、ピアメディエーション教育の主眼は、ルールを尊重して同意を形成するという平和社会の実現にある。

メディエーション教育の副産物として、両親の離婚、友人とのケンカ、教師との対立、部活内での対立、その他の争いごとに巻き込まれても、人は立場と利害によってそれをどのように認識するかを分析できて、さらに同意を形成する技術を使うことできるならば、子どもたちは無力感に陥ることなく、創造的な社会の一員として自己の能力を発揮できるようになるだろう。

第2章　もめごとの解決にむけて

1．コミュニケーション力

　ピアメディエーションを実施するためには、次のコミュニケーション技術の修得が必要になる。
① 　もめごとの内容の整理と理解
　　誤解や理解不足によって起きるもめごとがあるので、何が本当の問題（issue）なのかを知ることができる能力や技術を育成する。
② 　感情をコントロールする能力
　　もめごとには怒りなどのホットな感情が生じることが多い。また、逆に否定的な感情になり悲しみや落ち込むなどの感情に襲われる。感情の働きを理解し、それをコントロールできる能力を育成する。
③ 　傾聴技術
　　人の話を理解するための知識や技術を育成する。傾聴には、相手の話を繰り返す、言い換える、要約する、適切に質問するなどのコミュニケーション技術を育成することが不可欠である。
④ 　分かってもらえるように話す技術
　　言うべきことの要点をまとめて、分かりやすく話す技術を育成する。事実を的確に伝える能力や、相手に気持ちを理解してもらえるように話せるコミュニケーション力を育成する。
⑤ 　困難な状況を克服する力
　　もめごとの解決はとても難しい場合もある。そのような場合でも忍耐強く、解決の糸口を探すことや、創造的な解決策を見つける力を育成する。
⑥ 　内省して考える力

もめごと解決をするためのプロセスを理解する。もめごとの解決には、プロセスの合意、解決内容の合意、対立する当事者の気持ちを理解することが含まれる。対話にするともめごとを解決できるというのは、自分の理解、相手の理解、自分と相手を取り巻く環境の理解、合意に達するプロセスの理解が含まれる。

このようにさまざまなコミュニケーション能力や技術を育成すると、ピアメディエーションによって実際にもめごとを解決することができるようになる。

ワーク1

あなたはどうしますか。

1．隣の人があなたの持ち物を盗みました。
2．友達がお金を貸してくれと言ってきました。あなたは貸したくありません。
3．一緒に遊びに行く約束をしたのに、相手は約束を破り来ませんでした。
4．あなたが大切にしていたものを貸しました。その人はそれを壊してしまいました。

以上のケースそれぞれについて次の1〜3を考えてみよう。

　　1．あなたがとった行動の直接の結果は、どのようなものですか。
　　2．あなたはその結果を受け入れますか。
　　3．同じことが次に起きたら、また同じ方法で解決しますか。
　　それとも別の方法がありますか。

ピアメディエーションは暴力や力で解決することを否定する。もめごとを対

話で解決することができる。さらに、もめごとを解決するのは、あなたなのだ。何もできない無力のままではない。もめごとは学びの最大のチャンスとなる。いろいろ解決方法を模索することが人間力の育成になる。

２．もめごとの種類とその原因

争いやもめごとにはいろいろな種類がある。
１）心の内にある解決していない問題や葛藤
２）対人関係でのもめごと
３）グループ内でのもめごと
４）グループ間でのもめごと

ワーク２

　次のエピソードを読み問いに答えなさい。

　中学１年のＳ君は朝から機嫌がよくないようです。昨夜、帰宅が遅かったということで父親から叱られました。Ｓ君は野球部に所属していて部長や先生から将来のピッチャーにしたいという大きな期待もかけられています。Ｓ君は成績も悪くなくまじめに勉強しています。

　ところが、Ｓ君は野球部の先輩たちから生意気だと思われています。先輩に対するあいさつが悪いというのが原因のようです。Ｓ君は今日も野球部で練習があるのかと思うと嫌な気持ちになります。

　お昼休みにふざけていたＭ君のひじが偶然Ｓ君の顔にあたりました。Ｍ君は「ごめんなさい」と謝ればよかったのですが、そこにいたおまえが悪いとＳ君に言い返しました。Ｓ君は腹を立ててその子をなぐってしまいました。

問い　次の表を完成しなさい。

	S君	M君
何が起きたか		
何が問題か		
どのような気持ちか		
どのように解決したいか		
それぞれの欲求は何か		
結果は		
別の対応方法はないか		

　S君とM君は過去に対立していたことがあっただろうか。ケンカをしそうになったが、しなかった場合があっただろうか。他の同級生ならどのように対応しただろうか。短気で暴力的な生徒は、尊敬されるだろうか。S君の行為は正しいだろうか。S君は他にやり方がなかったのか。

　もめごとは、心の中にも存在する。心の中のもめごと、つまり葛藤が対人関係の葛藤に転換されるケースが多くある。このケースではS君の心の中の葛藤が対人のもめごとに飛び火していると考えられる。M君がわざと暴力行為をしたのではないことがわかっていても、イライラしているS君は感情を爆発させてしまった。暴力による解決は、どのような結末になるだろうか。S君の帰宅が遅れたのは、友人に野球部の練習について相談をしていたからだった。M君は普段からの生活が不規則で乱れていたので、親からはいつものように遊びで帰宅が遅くなったと思われていたこともあった。

ワーク3

次の質問に答えてください。

1．あなたは、自分のコミュニケーション能力に、
　□ 自信がある　□ 普通　□ やや不安　□ 全く自信がない

2．相手との効果的なコミュニケーションはどうしたらできるようになると考えますか。

　　重要と考える順番を付けてください。

　（　）相手を説得できる自己表現の能力を高める。
　（　）どんな状況でもとりあえず相手が納得するまで相手の話を聞く。
　（　）相手が提起した問題ごとに話の途中でもきちんと説明をする。
　（　）相手方がうまく表現できていないと感じるときは誘導してあげる。
　（　）相手の感情が激している場合は説得して感情がおさまってから話を聞く。

　　その他、あなたが効果的なコミュニケーションに重要と思うことがあればそれを書いてください。

3．もめごとを経験したら、あなたの気持ちは次のうちどれでしたか。
（複数可）
　□ 怒りがこみあげてきた　□ 気持ちが暗くなった
　□ 自己が嫌になった　□ 不安だった
　□ 悲しかった　□ 自信喪失　□ 混乱した
　□ 欲求不満　□ 無力感
　□ うれしかった　□ 愉快だった　□ 自分が成長できた
　その他、経験した感情があれば記載してください。

4．もめごとを解決するためにあなたがよくするのは、次のうちどれですか。
　　□　できるだけもめごとにならないようにする。
　　□　相手に非があっても相手方の言い分を認めてあげる。
　　□　自分が論理的に正しければ、相手の言い分は聞かない。
　　□　自分の言い分と相手の言い分の間を取って調整する。
　　□　紛争についてお互いが納得するまで当事者で話し合う。
　その他にあなたが選択するもめごと解決の方法があれば書いてください。

　あなたが経験したもめごとについて書いてください。

それはいつのことですか。
　　　最近　　　年ぐらい前　　　才ぐらいの頃　その他（　　　　　）
それは誰と
　　□　親（父、母）　□　兄弟姉妹（同性、異性）
　　□　教師（同性、異性）
　　□　生徒（同性、異性）　□　友人（同性、異性）
　　□　第三者（同性、異性）
　　□　その他（　　　　　　　　　）
それはどこで起きましたか。
　　□　自宅　　□　学校内（教室、廊下、校庭、その他）
　　□　クラブ
　　□　その他（　　　　　　　　　　　　　）

何についてのもめごとですか。
　　□　人間関係　　□　物の貸し借り

- ☐ 意見対立（練習方法、行事のテーマなど）
- ☐ その他（　　　　　　　　　　　　　　　　　　　　）

どんな理由でもめごとが始まりましたか。
- ☐ 相手が気に入らなかった　☐ 相手の主張が間違っていた
- ☐ よりよい解決をするため　☐ 自分がイライラしていて感情をぶっつけた
- ☐ 相手がイライラして理由もなく感情をぶっつけてきた
- ☐ その他（　　　　　　　　　　　　　　　　　　　　）

その時の感情はどうでしたか。
- ☐ 怒りがこみあげてきた　☐ 暗くなった
- ☐ 自分のことが嫌になった　☐ 不安だった
- ☐ 悲しかった　☐ 自信がなくなった　☐ 混乱した
- ☐ 欲求不満　☐ 無力感
- ☐ うれしかった　☐ 愉快だった　☐ 自分が成長できた
- ☐ その他（　　　　　　　　　　　　　　　　　　　　）

その結果はどうなりましたか。
- ☐ 解決した　☐ ある程度お互いが納得した
- ☐ 自分が我慢した
- ☐ 相手方をやっつけた　☐ しこりが残った
- ☐ その後何も問題はない
- ☐ 相手方と会わないようにしている
- ☐ あんな奴とは一生付き合わない
- ☐ その他（　　　　　　　　　　　　　　　　　　　　）

話し合いができなかったのはなぜですか（話し合いができた方は下記へ）。
- ☐ 相手方の話を聞く気もなかった
- ☐ 相手方が話をするのを嫌がった
- ☐ 話をすればするほどもめごとがひどくなった
- ☐ 黙っていた方が解決するのが早いと思った
- ☐ 当事者の間では話ができそうだったが、第三者（親、先生等）が介入してきて話し合いをグジャグジャにした
- ☐ その他（　　　　　　　　　　　　　　　　　　　　　　）

話し合いがうまくできたのはなぜですか、あるいは話し合いがうまくいかなかった人はどうしたら話し合いがうまくできたと思いますか。
- ☐ 相手方が感情を抑えて自分の話を聞いてくれた（ら）
- ☐ 自分が相手方の話を十分聞いてあげた（ら）
- ☐ 自分の主張が正義にかなっていた（ら）
- ☐ 自分に指導力があった（ら）
- ☐ 自分と相手方の価値観が近かった（ら）
- ☐ その他（　　　　　　　　　　　　　　　　　　　　　　）

　対人関係のもめごとがあるといろいろな感情を経験する。すべてのもめごとがマイナス体験ではないが、当人にとっては激しい感情体験となる。ここでのワークは、もめごとから積極的に学び、もめごとからお互いを理解できる知識と技術を習得するという目的がある。

　ワークが終了した後で、もめごとに対するイメージに変化があれば、そのことを記載すると内省が深まり自己知識が増す。

対人関係トラブル発生の原因は、おおよそ次の4つがある。
・基本的欲求の阻害
　やりたいことができない。やりたいことをやると衝突する。何がやりたいかわからない。人間には基本的な生存に必要な欲求や、安全や快適さを求める欲求、名誉欲求、自己実現欲求などがある。
・関係性の問題
　仲が悪い。他のグループに所属する人。かつて争った経験がある人。印象の悪い人、好きにならない人などが争いの原因となる。
・価値観の違い
　何が大切か異なる。整理整頓したい人とそうでない人。予定をしっかりと立てない人とその場の雰囲気で決める人。感情が大切な人と理論が大切な人など、人はさまざまである。
・情報不足や誤解
　言葉の勝手な解釈や誤解。誤った情報。ある態度や行動を攻撃と解釈する人と友好的と解釈する人の違いがある。

3．もめごとが発生する原因：基本的欲求の阻害

　人間には基本的な欲求がある。もめごとが起きるのはごく普通のことなのだ。しかし、もめごとを建設的にも破壊的にも対処することができる。また、もめごとから学ぶこともできる。もめごとが発生する原因には以下がある。
1）人間には何かに所属したいという基本的な欲求がある。これはグループを作ること、友人になることによって達成される。グループから排除され、仲間はずれにされると所属するという愛や関係性の欲求は満たされない。
2）人間には力を得たいという基本的な欲求がある。これには何かを達成すること、人から認められ、尊重されることがある。達成できないという気

持ちや、人から馬鹿にされたりするとこの欲求は満たされない。
3）自由でいたい、自分の気持ちを尊重したいという欲求がある。これは自分ですることを自分で決める、何かを自分の意思で選ぶことによって満足させることができる。誰かに押し付けられ、自分の気持ちが押しつぶされるとこの欲求は満たされない。
4）楽しみたいという欲求がある。これは仲間と一緒に遊び、共に笑うことによって満たされる。嫌なことばかり押し付けられる、あるいは楽しいことがないと社会生活を続けることは難しくなる。

ワーク４
　グループに分かれて次の基本的欲求が満たされなくてもめごとになった例について話し合ってください。

1．所属したいという関係性の欲求
2．何かを達成したい、何かをできるようになりたい、認められたいという欲求
3．自分で決めたいという自由への欲求
4．楽しみたい、好きなことをしたいという欲求

基本的欲求が阻害された例には以下がある。
1．いじめや仲間はずれ、友人ができないなど。
2．親が認めてくれない。何をやっても失敗する。成績が悪いなど。
3．自分で自分のことを決められない。嫌なことをやらされるなど。
4．何をやっても楽しくない。楽しくないことをやらされるなど。
私たちは人間関係のトラブルやもめごとが発生する原因を知的に理解する必

要がある。原因が理解できれば、それぞれの原因に対応した解決策も明確にできる。

４．その他のもめごとやトラブルの原因：関係性の問題

争い、もめごと、トラブルなどは基本的な欲求が阻害されるという原因の他にいくつかの原因がある。

ワーク５

次の各ケースについて、もめごとの原因を話し合ってください。
１．友人が映画を見ないかと誘ってきました。実はあなたはカラオケに行きたいと思っていました。そこで、あなたは行かないと言いましたが、しかし友人はしつこく誘ってきます。
２．あなたは友人から1000円貸してくれと頼まれました。あなたはこの友人に以前金を貸したことがあり、貸した金が戻ってこなかった経験があります。
３．隣家から大きな音楽の音が聞こえてきます。夜中の２時になってもその音楽が聞こえてきます。あなたは寝ることができません。

以上のトラブルやもめごとの原因は以下が考えられる。

① 情報データが不正確

正確な情報がない、情報が不足している、誤った情報、情報の解釈が異なるなどがもめごとの原因となる。相手への期待、自分と相手との目標や必要性が異なっていることに気がつく必要がある。情報の確認をして、期待、目標、必要性を話し合い調整する必要がある。

② 乏しい人間関係

次に問題になるのは、人間関係である。相手のことをよく知らない、あるいは知ろうとしない。特に、過去に衝突したことがある人だと、その人を知ろうとしたり、背景の詳細な情報を得ようとしたりしないで、一方的に判断する傾向がある。

③ 価値観の違い

お互いの信条、思考形態、生活様式を理解する必要がある。どのような人生観や好みがあるのかを知ることが必要である。

④ 関係の構造的な問題

力のバランスと制限、資源としての可能性と限界、時間の束縛などを率直に話し合う必要がある。つまり、どのくらいのお金の余裕があるのか、壁の厚さがどのくらいか、防音の程度がどのくらいか、時間があるかどうかなどのもめごとが生じる背景を理解することが必要である。

ワーク6

次の理由でトラブルやもめごとが起きた経験がありますか。またそのような場合にどのような対策が可能ですか。グループになって話し合ってください。

1．情報が不足しているのに勝手に相手のことを判断した。
2．誤った情報によって相手を判断した。
3．情報の解釈の仕方が人によって異なるのでもめてしまった。
4．目標や必要性が異なるので、話し合いにならなかった。
5．人間関係が悪い、あるいはほとんど関係がないのでコミュニケーションが成立しなかった。
6．話を聞かないで、否定ばかりしたので、嫌になった。
7．ステレオタイプのように相手のことを紋切り型で考えていたので、

誤った先入観があったので、もめてしまった。
8．信頼していなかったので、話がまとまらなかった。
9．過去にもめた歴史があったので、また同じになると思ってしまった。
10．狭い運動場が1つなのにいくつかのグループで使いたいことになり、もめてしまった。
11．権力争いのようになり、誰が支配するか、誰が一番強いかを競うことになった。
12．時間が足りなく短時間で話を決着させたかったので、逆にもっともめてしまった。
13．考え方や、価値観があまりに違っているので、話し合いにならなかった。
14．生活があまりにも違うので、理解することが難しかった。

次の表に、もめごとのそれぞれの原因に対する対応策を記した。

原因	対応策
データ 1．情報の不足 2．誤った情報 3．異なった情報解釈	・情報収集の方法に関して同意する。 ・どの情報が重要であるか同意する。正しい情報を得る。情報を修正する。 ・関心事に焦点を絞り、立場からのものの見方を変えてみる。
関心事と期待 4．目標、必要性	・選択肢を広げて、目標のオプションを作成し、共通する目標を見つけ合意する。
関係性 5．乏しいコミュニケーション 6．否定行動の繰り返し 7．誤った認識、ステレオタイプ	・信頼性を確立し、情報を交換する。 ・基本ルールの設定。観点を明確化する。 ・意思疎通を促進する。

8. 不信 9. 過去に衝突の歴史がある	・話し合いのプロセスや手続に同意する。 ・約束を守る。 ・過去ではなく未来志向する。
構造的な争い 10. 資源 11. 権力 12. 時間の束縛	・資源の適切な分配方法を合意で作成する。 ・誰の問題か誰が支配するのかという意識を変えてみる。 ・別の日、あるいは時間を設定する。
価値観 13. 異なった評価基準による観念の評価 14. 異なった生活様式、思考形態、宗教	・フェアで、お互いに受け入れられる決定のプロセスを設立する。 ・役割を明確に定義して、それを変化させる。 ・当事者が、お互いに解決に努力する。賛成したり反対したりする意志表示を可能にする。共通する関わりの態度を育成する。

5．もめごとに対処するスタイル

　人によってもめごとに対処するスタイルが異なる。また、問題の性質によっても対処方法が異なる。

ワーク7

　あなたは、次の要求をされたらどのように対応しますか。また、人によって対応が違いますか。次の例に限らずに、相手の要求と自分の考えていることや好みと違う場合に、どのような行動をとるか、グループで話し合い、どんどん例をあげてみよう。

1．友人が映画を見ないかと誘ってきました。実はあなたはカラオケに行きたいと思っていました。そこで、あなたは行かないと言いましたが、しかし友人はしつこく誘ってきます。

2．あなたは友人から1000円貸してくれと頼まれました。あなたはこの友人に以前金を貸したことがあり、貸した金が戻ってこなかった経験があります。
3．隣家から大きな音楽の音が聞こえてきます。夜中の２時になってもその音楽が聞こえてきます。あなたは寝ることができません。
4．隣の国は水不足に悩んでいます。あなたの国には水が十分にあります。隣の国は水の資源を得るためにあなたの国に侵略してきました。

　【回避】は、「争いは嫌ね、避けるが勝ち」という態度で、逃げる、否定する、無視する、引きこもる、願うだけなどの解決方法が特色になる。
　【服従】は、「あなたが望むなら、何でもいい」という態度で、賛成する、こびる、なだめるなどの手段で争いごとを解消しようとする。
　【対決】を主体とする人は、「私のやり方に従え、それができないなら裁判」という具合に、勝つまで戦い競争する、相手を支配する、強制する、やりこめるなどを特色とする。
　【妥協】は、「痛み分けして、お互いに犠牲を払う」という態度で、取引をする、何らかの解決方法を見つけようとする。
　【協調・協働】は、「この問題はお互いの努力でどう解決できるだろうか」と考え、対話を進めて、いろいろの解決策の案を出し、いろいろな意見を尊重する態度に特色がある。
　以上５つのスタイルは、図２－１で示した「紛争解決のスタイル」になる。
　回避は、自分や他者が何に関心や利害があるか興味を示さず、尊重しない態度といえる。服従は、自分の利害や立場を尊重するというよりは、他者への関心が強い。対決は、自分が勝つことが重要であり、他者が負けることや他者との関係性が壊れることに関心が薄い。妥協は、痛み分けが主体であり、協調と

比べると自己も他者も尊重されていない。下の図に入れるとすれば真中になる。

協働は、自己も他者も尊重し、お互いの立場や利害、興味関心を尊重しようとする態度といえる。

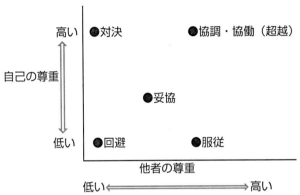

図2−1　紛争解決のスタイル（Rahim, 1986）

本書のパートⅡ以降に〈トランセンド法〉を紹介して、協調から対立を超越する方法を解説する。超越するとは、対立を超えた創造的な解決方法である。

6．もめごと解決のスタイル

上記の5つの対処スタイルはそれぞれの状況に合わせて使うことができる。

ワーク8
1. 教室や会場でそれぞれの対処方法の場所を指定します。
　　例えば、回避は教室の後ろ、対決は教室の前、服従は教室の真ん中、妥協は教室の右、協働は教室の左というように。
2. 教室の生徒に自分の対策として一番多く用いるものの場所に移動するように指示してください。

3．回避、対決、服従、妥協、協働について、それぞれの短所、長所を10分ほどグループで話し合ってください。
4．その特色についてそれぞれのチームが発表します。
5．次にその説明を聞いて他の場所を移りたい人に動いてもらってください。
後で移動した理由を述べてもらいます。

　【回避】は、ささいな問題で、決める時間がなく、大きな決心をする必要がない。問題解決方法としては、適切な方法といえる。ところが、大切な問題解決は、回避スタイルは適切ではない。そのような場合には、避けずに、きちんと取り組まなければ後に嫌な気持ちや敗北感が残る。回避することが習慣になっている場合にも、同じ問題がある。
　【服従】は、重要な問題でない解決方法としては適切である。また、自分が間違っていることが明確な場合にも、受け入れることが望ましい。
　【対決】は、緊急な問題対処には優れている。また、他人がどうなっても気にならない場合もOKである。勝負の決着がついた後でも人間関係を続け、協力関係を求めることが重要になる場合には、不適切な方法となる。また、勝敗が決することにより、人間の尊厳が著しく損なわれる場合も不適切である。
　【妥協】は、時間や資源に欠ける場合で、協調・統合に到達することが不可能な場合に、適切な方法となる。しかし、譲歩することによってもたらされた結末に耐えることができない場合には、せっかく合意形成しても、結末は必ずしもよいものではない。
　【協働】は、問題の解決も必要であるし、人間関係も壊すことなく続ける必要がある場合には、このスタイルが適切である。さらに、関係者全員のあらゆる利害に答える必要がある場合には、適切な方法となる。ところが、あまり重要でない問題で、話し合いの時間が十分に取れなければ、相手に譲歩すること

も必要になる。

7．もめごとから学ぶ

　もめごとがあると、いい気持ちになれない場合が多い。そこでもめごとは避けたほうがいいと考える傾向が生じる。多少つらくても、過去のもめごと経験をできるだけ具体的に思いだして、そこから何が学べるかを考えてみよう。

　ワーク9で、各自が過去のもめごとにどのように対処してきたかを理解することで、対処方法は人によって異なりさまざまであることを自覚することができる。

　すべてのもめごとを回避でいいのかと問うことが必要である。もちろん、誰でももめごとに巻き込まれたくないし、避けたい。しかし、すべて、回避していたのでは、嫌悪感や敗北感が残ることになる。もめごとに立ち向かうことも必要になる。多少のリスクがあっても直面することで、うまく解決できれば、前にも増して人間関係が親密になることもある。

ワーク9
　5～6人のグループになってください。各グループにはファシリテーターといって話し合いを促進する人を1人決めてください。
1．グループの1人か2人が自分の過去あるいは現在のもめごと体験を語ります。（注意：どこまで語るかは各自で決めてください。人権を尊重し特定の人名を出すことなく語ることも大切なことです。）
2．もめごとが起きたときの気持ちを語りましょう。
3．相手を攻撃したか、あるいは回避したか、受け入れたか、解決を試みたか。

> 4．話を聞いている人が、話し手の気持ちや話の内容をちゃんと受け止めていることをどのように伝えたらいいでしょうか。共感をどう表現しますか。
> 5．自分のそのもめごとの当事者だったらどう感じますか。あるいはもめごとの相手の立場に立った場合はどう感じますか。

　トラブルやもめごとは起こって当たり前である。トラブルが起きてはじめて、普段は見えなかった事の本質が見えてくることもある。もめごとを回避ばかりしていると、解決するどころかえって逆の悪い結果を生むこともある。

　時には直面化して争うことも悪くないのである。争うことによって対人関係の問題が明らかになる。例えば、何に不満を感じているのか、他人と違う考えを持っているかが明らかになる。直面化してはじめて、相手の真意や本当の気持ちがわかることがある。重要な問題について、回避するのではなく、問題に直面してもめごとがなぜ起きるのかと問い、解決策を探ることで、自分も相手も納得できる解決ができる可能性が出てくることになる。

　しかし、独力で解決できない場合もある。自分も相手も、怒りや悲しみなどで冷静に話をできない場合がそうである。このような場合は、相手の話を冷静に聞くことができない。どうしていいか分からなくなる。

　そういうときに、第3者が紛争当事者の間に入って、当事者を冷静にさせ、自分らで問題解決の道を探るようにリードしてくれれば紛争を解決することができる可能性が見えてくる。

第2章　もめごとの解決にむけて　45

> ワーク10
> 　次のたとえについて、それぞれの意味を話し合ってください。
>
> 1．もめごとは、交渉のテーブルにつくことを意味する。
> 　「テーブルの周りに集まり話し合いをする」
> 2．もめごとは、衝突関係にあるパートナーとダンスをするようなものだ。
> 　「あまり急がないで、ペースを合わせましょう」
> 　「踊りのステップが難しいので、踊れません。少し練習をしてから参加させてください」
> 3．もめごとは、美しい庭園のようなもの。
> 　「美しい庭園を創造する。それぞれの異なった花が十分な空間を持つ」

　もめごとは、相互の理解を深めるチャンスになる。交渉のテーブルについて対話をするよい機会になる。もめごとは、ダンスのようなもので、お互いにダンスのルールをよく知って踊る必要がある。

　もめごとがあると、解決のためのいろいろな種をまくことになる。どの種が実るかという楽しみがある。美しい庭園を創造するには、イマジネーションを使う。いろいろな色を想像して、いろいろな植物が必要となり、適切にアレンジする楽しみもある。

　対人関係トラブルに対しての見方は、人によって違う。おおよそ次の3つがある。
　1）単なる破壊的で暴力的なもので避けるべきもの。
　2）対人関係トラブルは、ゲームみたいなもので上手に解消すればよい。
　3）人間関係トラブルは、生産的で建設的なものが生じる機会となる。
　第1の視点には、トラブルを解消するためにどちらかが完全に勝つか負ける

かを決定しなければいけないとする。そして、人間は、傷つき、苦しむものであり、トラブルは自然の災害と同じで避けることはできないと考える。あるいは、コントロールできなくなった動物的な感情が爆発したので、トラブルが生じると思う。

　第2の視点には、問題から離れて立ち、中立的になり、まるでゲームをしているかのように、テレビのドラマを見ているかのように、そのトラブルと私は直接関係がないという態度になるという特色がある。

　第3の視点には、もめごとやトラブルは避けることができないものである、が、乗り越えて合意が得られ、学習と創造の経験となるとする。トラブルを押さえつけ消してしまうのではなく、何が問題なのかを十分に考え、互敬精神を基にして、トラブルはお互いを理解するチャンスの到来であると考える。表面上の理解や協力だけでなくて、違いを超えて、新たに意味のある創造的な協調関係が可能になる地平を開くことができるとする。

ワーク11
　次の会話を聞いてください。この解決のどこに問題があったのでしょうか。

1．「解決してよかったね。でもあのやりかたはないよね、一方的だったからね」
2．「解決できてよかったね。でも私の気持ちは全くわかってくれなかった」
3．「望んでいる解決でよかったね。でも解決の仕方が悪かったし気持ちも汲んでもらえなかった」

満足する解決には次の3点をチェックする必要がある。
1. 《実質的解決》実質的に得たいものが得られたか？　目標は達成できたか？
2. 《解決手続》どのような方法で決定されたか？　一方的でないか、強制的でないか？
3. 《気持ちの理解》意見は聴いてもらえたか？　十分に尊重されたか？無視されたり脅迫されたりすることはなかったか？

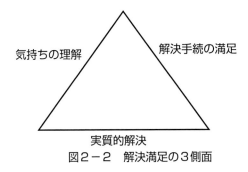

図2-2　解決満足の3側面

　もめごとが解決するためには、実質的な解決、解決プロセス（手続）、気持ちの理解と受け入れ、という3側面が満足される必要がある。これを〈満足感の三角形〉という（図2-2）。

第3章　理解する、問題の明確化、感情の理解

　相手にしっかりと話をしてもらうためには、相手の話を聞くことは必要である。しかし、相手の話を上手に引き出すのは、意外と難しい。人の話をただ聞くだけなのに、相手が話している途中につい自分の主張をしたり、意見をしたりして話の腰を折ってしまい、結局、最後まで話を聞かないことは多い。
　調停者になるには、相手の話をよく聞き、話を理解したことを相手に伝えるコミュケーション力を養成する必要がある。

１．話を聞く態度

　話を聞くときは、以下に注意すること。
① 　目の動き、顔の表情、身体のスペースのとり方、身振りなどに注目する。聞き手が、聞いていることを知らせる、尊重してケアする心、相手に対して関心があることを知らせる。
② 　声の調子、声の大きさ、速さ、話し方を相手に合わせる。エネルギーがダウンしている人には、その人の声の調子に合わせて同じようなトーンで話すこと。また、元気のいい人にはその人のエネルギーレベルに合わせて同じレベルの元気さで話せるとよい。
③ 　「何かがっかりしているようですね」（腹立ち、イライラ、悲しい、当惑、恥、罪の意識）のように相手がどのような感情を体験しているかの理解を表明し、そのような感情を承認する。
④ 　言い換え。聞いた話を聞き手が理解しているように言い換えて再提示してみる。聞き手は、そのように理解してことを話し手に伝える。さらに、どんな気持ちが伝えられているかを伝える。
⑤ 　要約。話の内容をどのように理解したかをまとめてみる。これが適切に

なされると、話し手は、言いたい事が伝わったと感じる。
⑥　承認する。出来事に付随する体験や感情を受け入れ、承認する（acknowledge）。承認とは、事実を認める、気づいたことを知らせる、そのような気持ちや考え方を理解し、そのように感じ考えることを認めることを意味する。

話を聞かない態度には以下がある。
・主張し意見を述べる。
・分析し、解釈する。
・表現された内容を軽減する。例「そんなことはたいしたことはありませんよ。」
・安っぽい忠告をする。「あなたがしなければいけないのは…」
・尊大で威張った態度

以上があると、会話が中断されて、十分な話し合いができない。

2．聞く全体構造

①　話を始める（普通は開かれた質問をするが、時には聞き手が最初に自分の経験を話す必要もある）。
②　聞く（積極的に話を聞く）。
③　焦点を絞る（話を聞いて、何が問題か悩みかを明確にする援助をする）。
④　探求（さらに適切な深みにまで探求する）。
⑤　技術の使用（繰り返し、言い換え、要約など）。

カウンセリングの基礎を確立したカール・ロジャーズ（C. Rogers, 1902-1987）によると、共感の基本は、他者が見るように見ることと述べている。しかし、人は他者と同じに感じることはできないことを忘れてはいけないと付け

加えている。真の共感的態度は、共に喜び、共に悲しむことだが、同時に脚色しないで、ありのままの現実を受け入れる冷静さを維持する態度も必要なのである。つまり、人の身になって感じるとは、あるがままに理解することで、勝手に自分の経験と同一視したり、話を増幅したり、勝手に解釈して自己の感じたいように感じることではない。

ワーク12

1．3人1組になります。話す役割の人が最近に経験した問題を1分ほど相手に話します。始めは、聞き手は「その問題の原因は何だろうか。どのように分析できるだろうか」と考えながら、話を聞きます。

　さらに、話し手は、もう一人の人に同じ話をもう一度話します。今度の聞き手は、「話し手がどのような体験や感情を経験しているのだろうか」を中心に聞き、話を分析しないで、あるがままに聞きます。

2．次に、**相手を受け止める練習です。**

　話し手は、最近落ち込んでいます。対人のもめごとがあり悩んでいます。その人が聞き手に次のようにいいました。

「私は、もうダメです、絶望です？」
さて、あなたは何と応答しますか？
いろいろ試してみましょう。

あるがままに聞いてもらった話し手は、同じ話を伝えても、不思議なことに話の内容の細部が豊かになる傾向がある。問題の原因を追求しながら聞くと大事なポイントを聞き落としていることがある。その原因の多くは、話の内容よりも、聞き手は自分の考えに気持ちが向き、心が忙しくなり話を聞けなくなる

からだ。メディエーターは自身の考えや感情に焦点を当てるのではなくて、話し手の話に焦点を当て、話についていく態度を維持する。

　メディエーターは、分析の対象として聞くのではなくて、共にその場にいるという感覚を大切にする。そうすると、相手を自分自身の中に受け入れることができる。つまり、仮想してその状況の中に自分の身を入れてあれこれと思いをめぐらすだけではなく、聞く人が話し手を尊重するという聞く態度を大切にする。そうすることで、話をする人は主体的に自分の話ができるようになる。
　「私は、もうダメです、絶望です？」に対する応答例として、話を聞く訓練を受けた人は、「もうダメなのだ……とそんな気になるのですね」と返す。励ましてもいない。話を転換するのでもない。質問するのでもない。同情するのでもない。でも、相手は、自分の気持ちを受け止めてもらったと感じることになる。
　「そんなことないです。頑張って」と励ます人もいる。しかし、これでは話を聞いてもらったと感じないで、自分の本当の気持ちが否定されたと思ってしまうだろう。さらに、細かいことや理由を聞かれると、どう答えていいのかわからないので、援助にならない。きちんと理解をしていないのに、理解しているというふりをされても助けにならない。

3．メディエーターの仕事

　メディエーターとは、紛争当事者の間に入って、中立的な立場から争いごとを調停する人のことである。
　メディエーターの仕事は、当事者の話をよく聞いて、当事者の本当の関心事、つまりインタレストが何かを探ることである。しかし、紛争当事者は、混乱状態にあり冷静に話ができる状態ではないので、必ずしも適切に自分の考えや状況を上手に説明できるわけではない。

メディエーターは、まず、混乱状態にある当事者を共感して受け止めることから始める。このような態度をアクティブリスニング（傾聴）と言う（東山紘久（『プロカウンセラーの聞く技術』創元社）。つまり、積極的に聞くことである。相手の話をしっかり聞くことによって、相手の気持ちを落ち着かせ、相手の信頼を得ることができる。上手に相手の話を聞くことができれば、相手は次第に自分で自分の問題に向き合うことが可能になる。聞き手の聞き方によって、話がしやすかったり、しにくかったりする。

ワーク13
グループになり話し合ってください。
１．円滑な対話を妨害するものにどんなものがあるか。
２．対話を促進するためにどのような方法があるか。

会話を止めるのに以下がある。あなたは、日ごろの会話でどのように聞いているかをチェックしよう。

☐ 目をそらす
☐ 腕組をする
☐ にらむ
☐ 時間を気にする
☐ 否定する
☐ 批判する
☐ 判断する
☐ 別の話をする
☐ 自分勝手な解釈をする
☐ 場違いの冗談を言う

□　自分の話をする

□　話題を変える

「そんなことを言うなよ」「そんなことたいしたことではない」「もう聞きたくないよ」「そんなことは、わすれてしまいな」などと否定したり、ちゃんと聞かないのに忠告をしたりすると、会話が中断する。

また、話の途中で話題を変えるのは、さまざまな意味がある。話題を続けるのがつらいとか、話を続けたくないとかすると、意識的あるいは無意識的に話題を突然に変えることがある。そのような場合は、「つらいな」「めんどうくさいな」「落ち着かないな」「いやだな」などといろいろな否定的な自分の感情に焦点が当たっているので、いいかげんに聞いてしまう。

4．会話を促進する方法

対話を促進するためには、言葉以外の情報が重要となる。言語コミュニケーションによって伝えられる情報の量はコミュニケーション全体の30〜35パーセント以上にはならないと推定されている（佐藤綾子編著『カウンセラーのためのパフォーマンス学』金子書房、2015年）。

話を聞くときの身体言語として、次が望ましい。

① 　やや身を乗り出す

② 　適度なアイコンタクト

③ 　腕組、足組をしない

④ 　不要な動作（髪を触る、時計を見る等）をしない

⑥ 　相手の声や身振りに合わせる

声が大きくエネルギーのある人には、その人にふさわしい声の大きさで対話をする。声が小さく、気持ちの落ち込んでいる人に大きな声で話しかけてはいけない。同じような調子で接すると話が促進するものである。

腕組をすると、もう話したくないという意味になることがあり、対話が進ま

ない。不要な動きがあると落ち着かない。

次のちょっとした動作で、対話を促進させることができる。

① うなずき
② あいづち
③ 沈黙

適度なうなずきは、相手が聞いてくれているという合図になる。時として沈黙は必要だ。沈黙しているときは、頭の中は高速道路みたいに活発に活動している。いろいろと考えるのに忙しいときは、しばらく考えがまとまるまで待つことも必要である。沈黙している間も、心の中で会話は継続している。そこで、沈黙は心配する必要はない。しばらくしたら、相手が必ず話し出すものである。

聞き手は、なるべく自分は話さないで話の理解に集中する。

あいづちの仕方にもいろいろな方法がある（東山紘久『プロカウンセラーの聞く技術』創元社）。

① プロの聞き手は、あいづちを普通の人よりも多く頻繁に使う
② あいづちの種類を豊かにする「はい」「ええ」「そう」「ふん」「なるほど」「そうですね」
③ あいづちの高等技術→明快に・短く・要点をつかんで・相手の使った言葉で→どの言葉がキーワードかを判断し、セレクトしたキーワードを繰り返す。逆説の接続詞・接続助詞はだめ・「しかし」「けれど」「でも」は使わないこと。

5．話を聞く技術

当事者からの争点を聞くとき、いくつかの必要となる技術がある。これは調停者が話の内容を理解したどうかを確認する作業である。本書では〈言い換

え〉と〈要約〉の練習をする。

　言い換えは、単なる繰り返しではなく、繰り返し話の中の重要と思われるキーワードを捉え、それを用いながら、メディエーター自身の言葉を用いて言い換える。言い換えがうまくいくと、話し手は、聞き手がちゃんと聞いてくれたと思って、納得することができる。

　メディエーターが一方の主張をそのまま同意すると、相手方はメディエーターに対して不信感を持つので、それぞれの表現を尊重しながら中立の立場を守り、正確に簡潔に言い換えができるように練習をすること。

ワーク14

　次を言い換えてみよう。

1．担任の先生は、きちんと説明するわけでもなく、無表情なので、もう2度と相談には行きません。

2．上級生が、道いっぱいに広がって、ダラダラしゃべりながら歩くから、私たちが走ろうとしても、走れないのです。

3．これは、あの人の分担なのに、いつまでも放っておいて、間に合わなくなると、手伝ってくれって泣きついてくるから、頭にくるのです。

4．担任の先生は教師のくせに、生徒の気持ちが全然分からないのですよ、とても学校の先生とは思えない。

5．担任の先生の話がむずかしくて、全然分からないから、親にもうまく説明できないよ。

6．将棋部の顧問の先生は、いろんな戦法について教えてくれると言いますがクラスの人も、先生も教えてもらった記憶もないし、部室に全然来てくれない。

7．仲間だと思っていたのに、無視されてしまった。あんな人はもう仲

間じゃないわ。
8．ケンカをしてしまったので、以前と同じように仲良くなりたい。冗談を言ったりして。でも、そんな感じじゃない。

　言い換えは、どのように話を聴いて理解したかを、聞き手が話し手に伝えることで、その際に以下の要点に注意する。
　・聞き手の言葉で表現する
　・しかし、話し手のキーとなる単語を入れる
　・もし、理解できなくて明確化が必要な場合にはそれも伝える。
　正確に言い換えができると、話し手がうなずき、「そうなんです」と答えてくれる。言い換えの役割は、正確に理解したかどうかを確かめることにある。
　以下にワーク14の言い換え例を記載する。
例①　「そうなの、説明もないと感じているのだね」
　（注意）「無表情なの」は事実とは限らない。頭の中の空想が膨らんでいる可能性もある。したがって「感じている」と付け加える。
例②　「上級生が広がって歩いているのですね」
　〈注意〉「ダラダラと」というのはその人の感じ方かもしれない。
例③　「その人の分担なのに、何もしない。それに間に合わないと手伝ってというので腹が立っているのね」
　（注意）「頭にくる」というのは、その人の感じ方なので感情をそのまま言い換えないで、トーンダウンする。トーンダウンとは、あまりにも感情的になっている表現をできるだけ事実としての表現にして、多少感情的な表現を中立的な表現に置き換えること。
例④　「『教師なのに生徒の気持ちが分からない』と思っているのね」
　〈注意〉「生徒の気持ちが分からない」ということを聞き手が理解したと伝え

ること。
例⑤　「先生の話がむずかしくて、理解できないし、親にも説明できないのだ」
例⑥　「部活の先生は部活に来ないし、教えてもくれないのだ」
例⑦　「友達だと思っていたのに無視された」
例⑧　「ケンカをしてしまったけれど、また仲良くなりたい」

　話し手から「そうなんです」という返事があり、首がたてに振られたりして意見の合図があると共感が生まれたことになる。「うん」という「うなずき」がなくても、応答を間違えた場合でも心配は要らない。応答を聞いた話し手が、「そうじゃないんです」とか、「いいえ違います」という意思表示をしてくれるので、本当は何が言いたいのかを確認することができる。

　要約（サマライゼーション）は、言い換えよりも長く、さらに多くの情報を含む。要約は、話の始めか終わりに使われる。話題を変える時に要約は有効である。話し手が、あまりにも多くの情報を伝えて、混乱しそうになる時などに有効である。

　要約をした後に次のように言うと正確に理解したかどうか確認できる。
「私は、正確に理解したでしょうか」
「何か理解不足とか、足りないところがあるでしょうか」

ワーク15

　グループに分かれてください。何人でも結構です。
　1人が1つのテーマで、2分ほどスピーチします。
　グループの中の1人が聞き手となり、話の内容を要約してください。
　その要約を聞いて、話した人はどのように感じたかを話してください。
　　①　大事な点は理解してもらいましたか。

　　　　　　② 何か不足がありましたか。
　　　　　　③ 付け加えることがありますか。
　　スピーチの内容例　① 最近あった困ったこと。
　　　　　　② 最近の悩み。
　　　　　　③ 私の計画

　要約した後に、話し手の感じている感情が何かを正確に表現できると共感が高まる。

6．質問の仕方

　調停の役割を効果的にするためには、質問を有効に使うこと。質問は、2種類ある。

　①　開かれた質問（open question）

「How（どのように…）」

「Why（どのような理由で…）」

「What, Who, Where（何を…）（誰が…）（どこで…）」

などの疑問文。

開かれた質問の役割

- ・話し手に話の糸口を与え、対話をするきっかけになる。
- ・話し手は自由に話せ、満足度が高い。
- ・閉ざされた質問と違い、話し手は、話の内容を考えるので、事案の内容を自分で見つめ直すことになる。
- ・質問があまりにも漠然とすると話し手も何を話していいのか困るから注意。

② 閉じられた質問（closed question）
「yes（そうです）」
「no（そうではありません）」
のように、肯定あるいは否定で答えることができる質問。
・開かれた質問は、話を始めるのに有効。
・開かれた質問は、話の内容を豊かにして詳細にする。
・閉じられた質問は、話の焦点がぼやけるのを防ぐ。
・閉じられた質問は、欠けた情報を補ってくれる。

質問する際の注意
① 話し手にとって重要なこと。聞き手の好奇心や必要性から発せられた質問でないこと。
② 質問の後に、応答するための時間をとる。話し手は、すぐに返答できないかもしれない。
③ 一度に一つの質問にすること。一度に複数の質問をすると混乱を招く。
④ 不必要に挑発したり、反対したりしないこと。これは、意図的・無意図的な場合もあるが、声の調子、みぶり言語、あるいは特定の語句によって表現される。
⑤ 質問を第一の手段としないように。初回の面接で情報が必要であり、どうしても情報が必要な場合を除いて質問し過ぎないように注意する。あまりにも質問が続くと尋問されているような気持ちになり、答えるのに抵抗したくなる。

ワーク16
　ここでオープンクエスチョン（開かれた質問）の練習をしましょう。

どんな、どのように、どうして、などと質問します。
例
　「どんなことで悩んでいるのですか」
　「もう少し具体的に話していただけますか」
　「どうして、そんな風に思うのですか」
　次の言い方をオープンクエスチョンにしてみよう。
1．担任の先生の説明に納得していますか。
2．クラブの1年生が熱心に練習しないのですか。
3．お母さんの励ましが嫌なのですね。
4．進路について相談しましたか。
5．いじめを受けたことを、先生に話したのはいつですか。
6．レポートをちゃんと提出できますか。
7．転校してきたときに、最初にどこに行きましたか。

開かれた質問をすると、話し手が自由になり、聞いたこと以上の情報が得られる。一方、閉じられた質問を使用すると、知りたいことを知ることができる。

ワーク17　質問の練習
　3人で1つのグループになりましょう。それぞれが、話し手、聞き手、観察者になり、役割を交代して同じことを3回します。
　話し手は、最近起きたことをあいまいに語ります。聞き手は質問を用いて明確化をしていきます。観察者は、次のチェックリストを用いて、聞き手の質問の仕方にフィードバックをします。

第3章　理解する、問題の明確化、感情の理解　61

チェックリスト
① 話を始めるときに、開かれた質問が使われたか。
② 内容を豊かにして詳細にするような開かれた質問が使われたか。
③ 質問をしなければ話さない人に対して有効な開かれた質問ができたか。
④ 焦点からわきにそれないようにするために閉じられた質問が有効に使われたか。
⑤ 特定の欠けている情報を得るために閉じられた質問が有効に使われたか。
⑥ あまりにも早く話す人に対して、閉じられた質問が有効に使われたか。
⑦ あまりにも多くの質問をしていないか。
⑧ 一度に複数の質問をしていないか。

　話をする人がいろいろと話の焦点を変えるので理解が難しいことがある。そのような場合は、質問によって特定な点に焦点を合わせることができる。それが焦点化である。メディエーターは話のある側面に焦点を当てることで解決に必要な情報を探る。
① 話をしている人に焦点
　　例　「今話をしているときにどのような気持ちがしましたか」
　　　　「この問題をどのように解決したいですか」
② 話の主題や問題に焦点
　　例　「今の話の、…についてもう少し詳しく話していただけますか」
　　　　「簡潔にいうと、どこが一番問題なのかを説明していただけますか」
③ 社会生活での人間関係に焦点

　　　　例　「Aさんとの関係をもう少し具体的に話していただけますか」
　　④　家族に焦点
　　　　「家族はそのことをどのように受け止めましたか」
　　⑤　メディエーションのやり方やメディエーターへの信頼に焦点
　　　　例　「調停に持ち込む理由を話してください」
　　　　　「調停に関して質問がありますか」
　　⑥　背景に焦点
　　　　例　「背景で分からないことがあります。…についてもう少し教えてください」

7．感情のリフレクション

ワーク18
　話し手、聞き手、観察者と3人で1組をつくってください。
1．話し手は、2、3分、強い感情体験（プラス、マイナスどちらでも）を語る。
2．聞き手は、その語りを注意深く聞いて、どのような感情が表現されているかに注意する。
3．その話で、観察者は聞き手がどのような感情を経験したかをチェックする。

人間の基本的な感情を以下に示す。
愛　　　好き、暖かい、一緒にいたい、心配になる
幸福　　ワクワクする、うれしい、安心する、暖かい気持ちになる
恐怖　　恐ろしい、ゾクゾクする、寒気がする、凍る

怒り　　身体が熱くなる、腹が煮えくり返る、大きな声を出したい
軽蔑　　見下される、軽く扱われる、馬鹿にされる
歓喜　　有頂天、天に昇る気持ち、世界の頂上
驚き　　ビックリする、そんなはずがない、予期しない
苦しみ　胸が痛い、つらい、耐えられない
決意　　決める、心を定める
嫌悪　　嫌う、近づきたくない、顔を見たくない

　これらの基本的な感情がどのような言葉で表現されていたかをフィードバックすると理解を間違えていることに気がつくこともある。
「あなたが体験した感情は、恐れでしたね」
「いいえ、違います。恐れではなくて軽蔑という気持ちが強かったです」
　間違えても、結局、どのような感情であったかを知ることができる。

ワーク19
　チェックリストを用いて、聞き手の聞き方をチェックしよう。
　話し手は、自分の過去あるいは現在のもめごと体験を語ります。（注意：どこまで語るかは各自で決めてください。人権を尊重し特定の人名を出すことなく語ることも大切なことです。）もめごとが起きたときの気持ちを語りましょう。
　話を聞く人は、話し手の気持ちや話の内容をちゃんと受け止めていることをどのように伝えたらいいでしょうか。共感をどう表現しますか。

　3人それぞれが、話し手、聞き手、観察者の役割を1回ずつしましょう。
聞き手のチェックリスト

1．温かい、表現豊かな返答があったか。
2．関わりと興味関心の表明があったか。
3．話をさえぎらなかったか。
4．話の内容に焦点があったか。
5．身体言語に注目していたか。
6．言語で表現されていることと気持ちや身体表現が一致していたか。
（話していることと身体言語が一致しないと、わざとらしいあるいは
　作ったように思えて、誠実さが感じられない）
7．注目して、しかもリラックスしていたか。
8．アイコンタクトがあったか。
9．自分の興味関心よりも話し手に注目していたか。
（自分のことや価値観に焦点があると、相手の話を聞いていない）
　　　　例（聞く人の心の声）
　　　　「この人の話していることは私の場合はどうだろうか？」
　　　　「この話は聞くに堪えられない、早く話すのを止めて欲しい」
10．自然で、快適な応答であったか。
11．注目をさまたげられたり、注意をそらしたりしなかったか。

8．認めること（acknowledge）

　難しいのが相手のことを認めることである。認めることとは以下の作業が必要になる。自分の立場からだけでなくて相手の立場に立って状況を判断し、他者の経験を思いやる。

① 他者を理解しようと努力する。
② 相手の側から主張ができる。

③ 相手の言い分や過去の経験を新しい観点から見ることができる。
④ 感情とは何かを理解し、たとえ侮辱的な言動があっても一時的な感情の高まりだと理解する。
⑤ 新しい理解を得て、相手とコミュニケーションができる。
⑥ 相手をゆるし、自己の行為を謝罪する気持ちを含めて話ができる。
⑦ 最悪の事態を想定して、過剰に反応したことをわびることができる。
⑧ たとえ満足すべき解決でなくても、未来に解決の糸口があると希望をもつ。

ワーク20
　映画を見て登場人物の気持ちについて話し合いをしよう。それぞれの立場や、気持ち、主張、などを共感し、それぞれの立場や感情があるのだと認める練習をしましょう。
1．ロメオとジュリエット
　　争っている2つの家族の立場から物語を語ろう。
2．おくりびと
　　個人の葬儀に際して、揺れる家族の感情をそれぞれの立場になって語ろう。
3．バットマンとジョーカー
　　バットマンの立場で犯罪について語ろう。またジョーカーの立場から世界を見てみよう。
4．武士の一分
　　決闘をすることになった盲目の武士とその対決の相手となった武士の立場から物語を語り直そう。

第4章　会話を促進する技術

１．コミュニケーション問題の解決

　争いごとに対処するにはどのような能力を育成する必要があるだろうか。問題が発生するには次の３つの要素が考えられる。
① 　問題の捉え方に問題がある場合。
② 　コミュニケーションに問題がある場合。
③ 　気持ちに問題がある場合。
以上の３点についてもう少し詳しく検討してみよう。

ワーク21
　次のような言動をする人は、どのような点に問題があるでしょうか。
1．「あなたは間違っています」
2．「それは、私が言ったことでしょう」
3．「あなたは、うそを言っている、そんなふうに始まったわけじゃないでしょう」
4．「あなたはうれしかったでしょうが、田中さんはそうは思っていないわ」
5．「お互いにもう少し心を開いたほうが、皆にとっていいと思うよ」
6．「あなたが遅れてきたことが、私をとてもイライラさせたでしょう」
7．「そんなことを聞けば、人は誰でも嫌な気持ちになるわ」
8．「あなたなんか大嫌いだ。いつも人のことを馬鹿にしている」

例1　問題点は、あなたが相手の意見を判断する専門家になっていることである。良い例としては「私は、あなたと違った意見をもっています」。

例2　問題点は、人を責めていることである。良い例は「あなたも同じ意見や気持ちをもっていたのですか」。

例3　問題点は、例1と同じように専門家となって判断していることである。良い例は「私は、あなたとは違った見方をしています」。

例4　問題点は、あなたが他者に代わって話していることである。自分の考えや意見を伝えるようにする必要がある。良い例は「私は、…と思う」。

例5　問題点は、皆とは誰のことかが明示されていないことである。自分の気持ちや意見を表明する必要がある。良い例は「私は、…を望みます」。

例6　自分の気持ちを他人の責任にしている。自分の感情は自分で形成するものであり、他者の責任にすると無責任になる。良い例は「私は、あなたには遅れないで時間を守ってもらいたいと思います」。

例7　問題点は、誰でもが誰なのか具体的に明示されていない。攻撃のニュアンスが感じられる。良い例は「私は、…としてもらいたいと望みます」。

例8　問題点は、あいまいに表現されていることである。一方的に嫌いだといっている。

　　　改善する点は、「私の意見や考え方を尊重してほしい」と伝えることができることである。

　以上の例のように、当事者が自分の意見や、気持ち、関心事を的確に表現することが大切である。それには以下の3点に注意すること。
　①　伝えるメッセージが当事者自身のものであること…「私の意見では…」
　②　他人の気持ちの代弁をするのではなくて、自分の気持ちを伝えること…「私は…を望みます」「私は…が理解できない」
　③　一方的な攻撃や非難言動を避ける。

> ワーク22
>   次の発言には、どのようなコミュニケーションの仕方に問題があるでしょうか。
> 1．「あなたが約束を破ったら、私たちの関係はおしまいよ」
> 2．「別れるからといって、あなたが贈ってくれたネックレスを返してくれという権利はないわ」
> 3．「あなたの方から先に謝りなさいよ」
> 4．「彼を痛い目にあわせて、教えてやる必要がある」
> 5．「何回言っても分からない人は、この部活にいる必要はありません」
> 6．「借り物をして期限までに返さない人は信用できません」
> 7．「門限を守らない娘は、家から追い出します」
> 8．「そんな話し方はないでしょう。一方的だわ」

　ワーク22にある例は、自分の立場と伝えたいメッセージが混同していて、伝えたい内容が明確ではない。これらのメッセージの特色は、内容よりもそれを言う人の立場が強調されて表現されている。このメッセージを聞く人には「私のほうがあなたよりも権力がある」という意味しか伝わらないことになり、本当に伝えたい内容は意味が不明になる。ここでの練習では、主として、明確に話したいことを言うことに焦点を当てる必要がある。例にある文章を、伝えたい関心事を焦点にして表現すると次のように変化させる。

例1　「私はあなたに約束を守ってもらいたい」
例2　「私は、ネックレスを返したくない」
例3　「私は、あなたに謝りたくない」
例4　「私は、彼には教えたいことがある」
例5　「私は、あなたに気がついてほしいことがある」

例6　「私は、あなたに本を期限までに返してほしい」
例7　「私は、あなたに門限を守ってほしい」
例8　「私は、あなたにそれなりに尊重してもらいたい」

　もめごとに巻き込まれると、感情的になるために必ずしも的確に言いたい内容を表現しているとは限らない。相手の使った感情表現に影響されて、肝心の表現された内容が歪んで解釈されることが多い。このように感情による汚された表現を浄化して、言いたいことを正確に表現し直し、聞いた内容を正確に把握したとフィードバックできると不必要な感情的な議論を避け、感情がエスカレートするのを防止できる。しかし、感情を排除し、冷静になれば問題が解決するとは限らない。あまりにも冷静になると、どうしても問題を解決したいという願いや関心が薄れてしまうことにもなる。逆に感情が高まり過ぎると、理性的に問題を解決する能力に影響を及ぼす。肯定的な変化を望み、変化を願うエネルギーがちょうどよい具合に高まるのが理想的である。

ワーク23
　次の表現は感情と言いたいことがからみあって混濁しています。伝えたいメッセージのみを的確に表現しなおしてください。
1．「何でばい菌なんて言われなければいけないの、もううんざり」
2．「彼はうそつきです。そんなことをいったこともないし、彼の話を聞くつもりもないわ」
3．「あの先生は最低。私ばかりしかるのだから」
4．「信じられない、K子は私のことをみんなに言いふらしているのだから。もうクラスにはいけない」
5．「クラスのみんなが私を嫌っています」
6．「私だけがなぜこんな目にあうの、そんなのゆるせない」

> 7．「母は私のすることを何も認めてくれない。私のことなぞどうでもいいと思っているのだわ」
> 8．「一緒に映画を見に行くって約束したのに、彼は来なかった。彼はもう信用できないわ」

　このように感情的な表現によるメッセージが強くなると、本当に言いたい内容が正しく伝わらない。感情によって汚染されている表現も浄化すると以下のメッセージが伝わる。
　解答例を次に記す。感情よりも事実のみを理解したことを伝える。
例1　「あなたは、思いがけないことを言われて傷ついたようですね」
例2　「あなたが言ってもいないことを、彼が言っていると思っているのですね」
例3　「先生は、あなただけをしかると思っているのですね」
例4　「K子が多くの人に言いふらしていると思っているのですね」
例5　「クラスの多くの人があなたに好意的でないと思っているのですね」
例6　「自分だけだと思っているのですね」
例7　「お母さんが認めてもらいたのですね」
例8　「彼が約束通りに来なかったのですね」

> ワーク24
> 　さらにワークを続けてください。1人が感情的に表現をします。それを聞いた他の人が伝えたいメッセージの感情をトーンダウンして言っている内容やその意図を感情に邪魔されないでできるだけ正確に表現してみましょう。

2．ステレオタイプと偏見

　コミュニケーションを阻害するものにステレオタイプと偏見がある。
偏った認識
　私たちは、外部と内部の人間という具合に、自分たちの仲間に対する感情と仲間でない人たちに対する態度が異なることがある。
　「アメリカ人は自由でわがままだ」「日本人はまじめで勤勉だ」などのように一定の型にはまった見方をする傾向がある。ステレオタイプとは、印刷の鉛版のことで、すべてを同じ版に当てはめて決めつけることを意味する。アメリカ人にも、わがままでないアメリカ人もいれば、日本人にもまじめで勤勉でない日本人もいる。ところが、社会に広がっている見方が一人一人の「頭の中の画像」として定着し、私たちの見方に影響を与え、決まり切った紋切り型の見方をする傾向が生じる。
　自分の所属する文化には、どちらかというと好ましいイメージのステレオタイプを、あまり知らない文化には多少否定的なイメージをもつ。あるいは、反対に自分の所属する文化に悪いイメージをもち、見知らぬ文化を理想化する場合もある。これらのステレオタイプは、現実と合っていないことが多いので注意したい。
　このステレオタイプが、極端な嫌悪とか、敵意となれば「偏見」となる。偏見に満ちたものの見方をすると、強い敵意や恐れという感情に影響されて、差別や侮辱行為に走ることになる。
　注意すべきは、意識していない差別である。クレヨンに「はだいろ」というのがある。この色は、ペールホワイトといって白人などの顔色を塗るのに使う色である。実際にはいろいろな肌色があるはずなのに、一つの人種の肌色を指してそれだけを「はだいろ」と決めて、他は違うといえば、他の種族を差別することになる。

また、日本に留学している学生のうち中国人や韓国人などは、欧米出身の学生よりも下宿やアパートを見つけるのに苦労している。私たちは、このように日頃、意識していないことでも差別をしていることがあることを、反省する必要がある。

ワーク25
　次のトピックについてグループに分かれ話し合ってください。
１．家庭によって教えられたこと、あるいはしきたりになっていることなどを話し合ってみよう。例　食事の食べ方、話し方、約束、きまり、マナー、伝統行事など
２．幼児期や小学校時代に、現在の自分の考え方や生き方の形成にとって大きな影響を受けた出来事があっただろうか。
３．子ども時代に、どのような絵本や物語を聞いたり読んだりしただろうか。その影響は。
４．女性や男性のステレオタイプについて考えてみよう。そのことは事実だろうか。
　　例　女性は弱い、男性はたくましいなど。
５．次は偏見だろうか、単なる好き嫌いを表明しているのだろうか。
　　・先生は不公平だ。
　　・学校は面白くない。
　　・遅刻する人は悪い人だ。

　人はそれぞれの価値観をもち、それぞれの視点をもっている。それぞれの好みはさまざまである。ところが、余りにも過剰な一般化が進むと、自分たちの所属するグループではない人々に対して反感をいだくことがある。これが偏見

となる。偏見が行動化されると差別になる。偏見が固定されてしまうとステレオタイプとなる。質問の1〜3は自己のアイデンティティを形成する価値観や視点を形成する基礎になる経験についての質問である。

　質問4は、固定化されたジェンダー観についての質問である。女性を一般化してすべての女性はやさしいというような女性を固定化して見ることになる。質問5の表明は、ステレオタイプにつながる恐れがある。そうではない人も多いことに気がつく必要がある。

3．力の関係

　勝つか負けるかという闘争的な態度になると、権力闘争となり調停することが困難になる。どんな場合に闘争関係になりやすいだろうか。
　1）どちらかを1つを選ぶ態度（勝つか、負けるか）。
　2）人間関係が弱くなると闘争的になる傾向がある。
　3）要求する場合に力を使う場合。

ワーク26
　人間が権力的になっていると思われる状況について話し合ってください。
1．どのような力が影響を与えているか。
2．権力的になっていると思う理由は。
3．どういう発言が権力的と思うか。
4．もめごとで力の差を感じることがあるか。
5．力の差で負けてしまったと感じることがあるか。
6．最後に、力の差を乗り越える対話のルールを確立しよう。

人間に影響を与える力の種類。
1．資源の質量の差、資源をコントロールする力の差
　例　小遣いの金額、子どものプライバシー限度、組織の中での地位（会社では上司、家庭では親や兄姉など）。
2．人間関係での役割。リーダーなどの対人関係の中心的役割なのか、フォロアー（部員など）なのか。
3．コミュニケーション力の差。説得できるか。他人に理解してもらえるように話せるか。他者と親密な関係を作ることができるか。理解することができるか。
4．専門的な力。何かの専門知識をもっているか。才能、技術。その他の能力。

　次に力の差を乗り越える方法を考えよう。
　第1に、勝ち負け（Win-Lose）という闘争パターンにならないようにすること。もめごとの調停をする場合には、力に制限を加えることもある。例として、身体の大きい者は小さい者に腕力を用いない、教師や親は、いつも使っている処罰の方法をとらないなどがある。また、対話が成立するためには対話のルールを明確にする。
　第2に、力が弱いと思われている人に第三者の代理人をつけることができる。代理人は専門家の場合もあるが友人でもよい。また、対話のルールを確立し、すべての人に発言の機会を均等に与えることによって力のバランスを得ることもできる。
　第3に、勝ち負けという闘争パターンを超越することができる。そのために対話中にしてはいけない行為を決める。例、途中で退席する、暴言を吐く、暴力を用いるなど。弱い立場の人に歩み寄ることもできる。
　第4に、立場や力という視点から、もめている双方に共通する利害や関心

(interest) に対話の焦点を移動させることができる。つまり、敵対アプローチから関心事中心アプローチに転換することができる。

4．リフレーム

　リフレームとは、起きたことや事実が変わらなくても、フレーム（枠組み）を変化させることによって、個人とその起きたこととの関係が変化して、起きたことの意味も変化することである。つまり、起きたことを違った視点から見て、そこから学ぶものを発見することである。

　ある婦人が子育てに悩み次のように言った。「私は、子どもを叱って大声をあげている自分が大嫌いなのです」。この場合のリフレームは「子どもを大声でしかることがどんなに大切か考えてもごらんなさい。交通事故を防止するために大声で注意することは必要でしょう」が考えられる。大声で子どもをしかること事態は、善でも悪でもない。時と場合によって必要になることもあり、また不適切な場合もある。この例は、大声でしかるという場所や時のフレームを変えたことになる。

　また、ある成人男性がなかなか喫煙の習慣を止めることができないので、自分に嫌気がさして、次のように言った。「喫煙は悪い習慣です。できれば止めたいのですが、なかなか止められません」。リフレームの例「多くの人にとって喫煙は、働いたご褒美ということもありますよ」。喫煙という習慣には肯定的な意味もある。ただし、それを喫煙という方法以外によって満たすことができるかどうかが問題となる。

　次にいくつか例を挙げてみよう。

例1　「私は鍵を掛けたか不安になって、いつも2回も3回も確認するのです。私って心配症でしょう」。リフレーム例「2・3回確認することによって、確実に鍵を掛けたことが認識できるのですね」。鍵を掛けたか何回も確認する行為には、この習慣によって多少の不便があるが、その行為

の裏には確実性を求める健全な意図がある。

例2　「私は、決断をすることが苦手なのです。レストランで食事する時に何を食べるのか決めることができないのです。1つに決めた後で、いつも他のものにしておけばよかったと後悔するのです」。リフレーム例「それはきっと健康だからですよ。好きな料理が多いので選ぶのが大変ですね」。これは決心するのが苦手で優先順位がつけられないということよりも、食べたいものが多いという健康な欲求があることを指摘する。

例3　「私は、いつも自分が悪いと思ってしまうのです。自分の責任で相手に不便をかけたり、傷つけたりしたと思うととても苦しくなるのです」。リフレーム例「きっと人を思いやることができるのですね。人に不快な気持ちを感じさせたくないという気持ちですね」。この場合は、罪悪感が強すぎるということよりも、他人に対する配慮をするという健全な意図がある。

　このようにリフレームすることによって、だめだと思っていた習慣や行為の裏に、本来備わっている建設的な意味を目覚めさせることができるである。破壊的に思える行為でも、その行為の裏には、生きるという建設的な意図があることを認める。

例4　「仕事がうまくいかなくて、このごろ気が重いのです」。リフレーム例「それはあなたが仕事を大切にしているからでしょう」。場合によって、事実を肯定的に表現したものと否定的に表現したものでは、その伝える経験の内容に変化が生じる。リフレームとは、「この行動の肯定的な価値は何であるか」「他にどのような意味があるのか」「この行動はどこで、いつ役に立つのか」というように肯定的な価値という観点からながめ、そこから学ぶものを発見する作業となるのである。

> ワーク27
>   次の表現をもっとポジティブ（肯定的）な表現にリフレームしてみよう。
> 1．あなたは、他の人がどんな意見を持っているか関心がないのね。
> 2．あなたは、皆でする仕事を抜け出してばかりいるじゃないの。
> 3．この宿題を明日の朝までに提出しなさい。さもないと…
> 4．あなたは、不公平です。
> 5．あなたは、私に言われたことさえしていればいいでしょう。
> 6．一度でもいいから遅刻しないで会議に出てきてください。
> 7．あなたはいつも本当のことを言わない。
> 8．何度も玄関の鍵を掛けたかチェックしてしまうの。

　リフレームは複数可能である。次に示すのは単なる一例である。

例①　「あなたは自分の気持ちや意見をとても大切にしていますね」
例②　「あなたはとても重要な個人の仕事があるのですね」
例③　「これはとても重要な宿題です。期限を守る必要があります」
例④　「あなたは人によって扱いを変えることができる柔軟性があるのですね」
例⑤　「あなたはとても独創的な人で工夫するのですね」
例⑥　「会議には休むことなく出ていただきありがとうございます。でも定刻に来ていただけるともっとありがたいです」
例⑦　「あなたは表現力豊かで慎重に話します」
例⑧　「玄関に鍵が掛かっているかきちんと確認をするのですね」

5．明確化

　話の内容を明確にしたい場合に使う技法である。明確化には次の4つの方法がある。

①　問題をどのように認識しているかを確認する。
②　何が真の問題なのかを確認する。
③　正しく理解するには情報不足なので、さらに詳細な情報を確認する。
④　どのような気持ちであるかを明確にする。

　明確化にとって大切なことは、聞いた内容を要約して、理解が正しいかどうかを確認することだ。その際、忘れてはいけないのは、話のトーンや語調、主要な表現をミラーし、さらに話し手の気持ちを理解していることを、メディエーターが表明することができるのである。話すことが苦手な人、自分を語ることができない人は、なんとなくよそよそしくて表面的な話しかできない。また、自分のことを飾って話す傾向のある人は、事実を多少大きく表現する。その反対に、自分を控えめに表現する人もいる。特に注意が必要なのは、自分を実際よりも悪く、みじめに表現する場合である。明確化の技術を用いる時には、表現された内容が、話す人の世界での真実を語っているのかどうかを確認することを忘れてはいけない。というのは、真実には複数の姿がある可能性があるからだ。第三者の真実、問題の当事者の真実、被害者、加害者、援助者の真実を検討して、全体を統合すること。

　調停への抵抗が強い場合には、調停に同意して調停の場にいることをもう一度確認する必要がある。メディエーターは、自己の直感を大切にし、心にひっかかりがあるとか、理解できないという感情を大切にして、それを素直に表現していく。
（例）「すいません、今の話で理解できないところがあります。…をもう少し具体的に話していただけますか」「今の話は、私はこのように理解します…。それでよろしいでしょうか」
　メディエーターは、間違いを恐れてはいけない。メディエーターが理解不足や、状況をしっかりと把握していない場合には、申し立て者が補足したり、修

正してくれたりして、正しい情報を教えてくれる。

> ワーク28
> 　明確化の練習をしましょう。2人ペアになり相手は、
> ステップ1　ある経験をあいまいに述べる。
> ステップ2　聞き手は、明確化を行い、話の内容を明確にしてください。
> 　役割を交代してください。

明確にするポイントは以下である。
・問題認識の明確化
・真の問題が何であるかの明確化
・不足している情報の取得
・気持ちの明確化

　決して理解したふりをしないで、明確化した後、要約をして「私の理解はこれでいいですか」と確認をすることである。
　メディエーターは、話を促進するために以下に注意することである。
　話し手にとって利益のある情報に焦点を当てること。どのような複雑な内容であったか。いろいろな要素が関係していたことに気がついていたか。それらの複雑な要素が、まとめられて話し合われていたか。話し手の混乱を少なくする努力をしたか。どの話を優先的に話し合うかについて援助をしたか。焦点を移す時に、スムーズに移動したか、などに注意すること。

6．エンパワメント

　エンパワメントとは、弱くなったり、行き詰まったりしているときに、本来持っている能力を使って、難しい状況を乗り越え、創造的に考えられるように

援助することを意味する。エンパワメントは以下である。
* 何が重要であるかを、より明確に認識できる。
* 現在の状況を適切に判断して、何がしたいか、何に関心があるかが分かり、その理由が分かり、気持ちも分かる。
* 行動のオプションが作成できて、どの範囲で、オプション選択が可能であるかが理解できる。
* オプション選択する時、ある程度の自由があり、コントロールもできる。
* 問題解決をするための新しい知識・技術を修得できる。
* 目標達成のために、新しい資源や、すでに手元にある資源を活用できる。
* 援助を求め、援助を受け入れ、援助を得ることができる。
（困っている時に何ができるかを知る）
* 自己の長所や弱点を客観的に評価できる。
* 客観的な評価に基づいて決定できる。

ワーク29
　自分のもっている資源をリストアップしなさい。
1．自分の資源
　　例　精神力：忍耐力、勤勉さなど、
　　　　技術・知識・運動：数学、算盤、走ることなど
　　　　社会的力：人間関係など
2．自分以外の資源
　　例　人間：保護者、親戚、学校の先生、近所の人
　　　　施設：図書館、市役所など
　　　　その他：医者、弁護士など
3．困ったときに頼りにすることができるもので、まだ頼んだことがな

> い、あるいは使ったことがない資源がありますか。
> 4．あるいは今後、発展させたい資源、あるいは発掘したい資源がありますか。

　悩んでいると絶望することがある。何もできないと思えるときは、資源リストを使って、何ができるかをもう一度考えることができる。資源には、自分の内側にあるもの能力や努力する力など、外側にあるもの、正当に援助を依頼できる家族や友人、あるいは社会資源である公の機関がある。

第5章　争いごとの解決に必要な能力

　もめごとを解決するために必要な知識や技術は何かについて話し合ってもらい、争いごとを解決するためには、さまざまな能力が必要になることを実感する。特に、自己を尊重し、他者を尊重し、多様性を受け入れる能力が特に望まれる。また、意見の違いを受け入れるだけではなくて、それぞれの意見を寛容と公正の態度で正当に評価できる能力が必要である。そのためには、認識力、情緒をコントロールする力、コミュニケーション力、創造性、批評力が求められる。

1．立場と視点の理解

> ワーク30
> 　次のもめごとを経験したことがありますか。
> 　グループに分かれて、それぞれの立場から主張をしてください。
> 1．「野球のゲーム」を見たいグループと「ラブドラマ」を見たいグループに二分された場合。
> 2．グループの皆で映画を見たいときに、2つの映画でどれを見たいか主張しあう場合。
> 3．家族で一緒にレストランで食事をする場合、皆で同じものを食べようとするとき。
> 4．仲間と何をするか、どの遊びをするかを主張するときなど。

　私たちは自分のレンズを通して正解を見る。自分のレンズは何色かを知っているだろうか。自分の視点の特色を理解しているだろうか。また、他者の視点

を理解しているだろうかを問う。

> ワーク31
> 　もめごとの本質を理解するには、事実を客観的に理解する能力だけでは不足している。他者はどのように事実を認識するかを理解できる能力が必要となる。そこで、他者の観点から事実を認識できる能力とは、どのようなものかをワークで体験しよう。
> 1．グループ対話をします。
> 2．グループを2つに分けます、
> 3．1つのグループは、夜10時には帰宅することを主張します。
> 4．もう1つのグループは、門限に反対を主張します。
> 5．それぞれのグループの立場から他のグループを説得してください。
> 6．15分ぐらいそれぞれの主張と説得を聞いた後で、今度は立場を変えます。門限ありのグループは、今度は問題に反対を主張します。門限反対グループは門限賛成を主張します。
>
> それぞれの立場からの主張はどうでしたか。

メディエーターになるためにどのような認識力が必要かを具体的に述べると以下になる。
① 他者が見るように状況を見る能力。
② 恐れ・疑いなどの否定的な感情が自己イメージに及ぼす影響を自己評価できる能力。
③ それぞれの視点から状況を見てまず理解することに努力し、審判や批評を後に回せる能力。

④　それぞれ当事者の面子や立場を尊重し、それぞれの自己イメージや尊厳性を維持しながら問題解決策を考えることができる能力。
⑤　問題の内容を深く理解できる能力を持ち、しかも能力の限界をわきまえることができる能力。

２．感情をコントロールする能力

　情緒をコントロールする能力は、共感しながら、自己の感情を激高させることなくコントロールできる能力である。その能力は以下。

①　怒り、不満、恐れ、疑いなどの否定的な感情によって破壊的な行動にならないで、適切にコントロールできる能力。
②　破壊的な傾向がある情緒や気持ちを、コントロールできるだけでなくて、創造的に表現する勇気を持つ能力。
③　さらに、闘争的になることなく、爆発的になることなく適切に情動を表現できる能力。
④　他者が感情を爆発させても、反動的になることなく自己コントロールできる能力。
⑤　他者を怒らせないで話す能力。

　適度の感情の高まりは、解決や変化を求めるエネルギーとなる。しかし、あまりにも高まり過ぎると理性的に解決しようとする能力に欠けてしまう。逆に、あまりにも無関心となり冷淡となると、どうしても解決したいというエネルギーが不足してしまう。問題の解決には、適度の感情の高まりは必要である。

ワーク32
　７〜８名のグループに分かれます。一人一人が次の文章を１つずつ完

成させます。1つが終わったら、次の文章に進みます。このワークはグループの信頼関係が必要です。

1．私が幸せを感じたのは＿＿＿＿＿＿＿＿＿＿＿＿＿＿＿＿。
2．私が怖いと思ったのは＿＿＿＿＿＿＿＿＿＿＿＿＿＿＿＿＿＿＿。
3．私が怒りを感じたのは＿＿＿＿＿＿＿＿＿＿＿＿＿＿＿＿＿＿＿。

　次に、各グループで怒りを感じるケースを5つあげてください。
　また、怒りを感じる場合は、どのようにしてそれを相手に伝えますか、あるいはその他の方法で処理しますか。次の質問の回答を紙に書いてください。
　・怒りを感じる人、行動などを書き出す。
　・怒りを感じる一人の人に焦点をあてる。
　・怒りの強さを測定する。　1～10
　・いつから怒りを感じるか。
　・その人のことを思うと連想する単語を書き出そう。
　・置き換えかどうかの検討。
　・子どもっぽい怒りか。成熟していないか。
　・不安やイライラを感じるか。

　感情とうまく付き合う能力が求められる。あまりにも冷静になると対人関係のもめごとは解決しないことがある。ある程度の感情の高まりは解決に必要である。
　メディエーターになるためには、自己の意見や、気持ち、何に関心があるのか相手に理解できるように的確に表現する能力が必要である。自分の考えや気

持ちが的確に表明できると、自分と他者との意見、感情、意識、認識、好み、関心の違いが明確になる。

以下の能力を備えることが不可欠である。
① 他者を理解するための傾聴能力。
② 理解してもらえるように話せる能力。
③ 激高した表現を中立的な表現にリフレームできる能力。
④ 言葉を浄化する技術（感情と事実を分離できる能力）。

ワーク33

次の文章を完成させなさい。

1．人の話を理解するためには、私は＿＿＿＿＿＿＿＿＿＿します。
2．理解してもらうためには、私は＿＿＿＿＿＿＿＿＿＿します。
3．腹が立って興奮している場合は、私は＿＿＿＿＿＿＿＿します。
4．感情が高まり、相手を攻撃しそうになったら私は＿＿＿＿します。

怒りの対処方法は以下の5つある。

第1の方法は、怒りを押さえる方法である。自分が怒りを感じていることに戸惑い、その気持ちを否定する。個人の信条として怒ってはいけないと信じている人か、誰も気持ちを理解してくれないという絶望感がある人に感情を抑圧する。

第2の方法は、直接対決の方法である。個人の人権や欲求を主張し、必要があれば相手を打ち負かすこともできる。この方法がいきすぎると、ささいなことでも強い主張をすることがある。また、必要以上に何回も繰り返して、自己

の権利や傷ついたという感情を表明する。

　第3の方法は、間接的に怒りの感情を表明する方法である。黙ってしまったり、ふくれ面をしたり、義務をさぼったり、いやいや行動したり、特定の人や場面を避けたり、人に隠れて規則違反をしたりする。これは、怒りの感情を屈折した形で放出していることになる。怒りを直接に表すことをしないで、間接的に表すという感情のコントロールはできているが、この方法を続けるといつまでの怒りの感情が処理できない。

　第4の方法は、アサーティブの方法と言って、自分の権利を主張できる方法である。自分の権利の主張をする場合でも、相手の立場や権利も十分に尊重できるかどうかが難しいところだ。この方法で注意することは、怒りの感情に駆られ、相手に対する仕返しをすることによって、主張することである。本当に大切なことを主張しているかどうかに注意し、破壊的な感情によって相手の尊厳を傷つけない配慮が必要となる。

　第5の方法は、怒りの感情を解き放ち、いわゆる水に流す方法である。この方法に含まれるのが、考え方や行き方に違いがあることを受け入れ、相手の欠点をゆるす方法である。過去にこだわらずに未来に進む方法ともいえる。しかし、余りにも性急にこのような寛大な心になると、なくなったと思った怒りの感情が戻ってくることがある。これに至るには、はじめに怒りの感情をきちんと認め、その理由を理解することが必要となる。

3．困難な状況を創造的に生かせる能力

　もめごとを解決する時に創造性が必要になる。創造性とは具体的にどのようなことだろうか。

　創造性とは、解決にいたるプロセスや解決策のオプションを作成できる能力のことである。困難な状況や問題を解決するためには、創造的なひらめきが必要になり、創造的に解決策を考えることができる能力が必要となる。

争っている当事者双方にとって納得のいく解決策やその理由を考えることができる能力も大切である。また、お互いに共通する関心事や利害を見つけることができる能力などが求められる。

ワーク34
　歴史上の人物で、困難な状況を打開して解決した人を探そう。
　例
　マーティン・ルーサー・キング
　坂本龍馬
　野口英世
　松下幸之助
ブレーンストーミング
　問題解決が困難な場合に解決方法を模索する方法にブレーンストーミングという方法があります。
1．解決方法が心に浮かぶたびに、その解決方法を紙に書きます。
2．この方法は実際的でないとか、無理だとか、だめな案だとかいう批評をしないでください。
3．できるだけ創造的な方法を考えてください。

　ブレーンストーミングをして次のもめごとの解決を考えてみよう。その他自分たちの問題を創造的に解決してみよう。
　例
1．勉強が楽しくなる方法を考えよう。
2．通りや公園のゴミをなくす方法を考えよう。
3．安全な町になる方法を考えよう。

> 4．学校が楽しくなる方法を考えよう。
> 5．楽しい授業になる方法を考えよう。

　ブレーンストーミングで注意すること。心に浮かぶどのようなアイデアも発表できること。アイデアがよいとか悪いとか審判しない。できるだけ多くのアイデアを出す。新しいアイデアを歓迎する。よいか悪いかを考えるのではなく、アイデアをできるだけ多く考えること。創造的なアイデアを汲み取るためには、「しかし、それは現実的でない」、「そのようなことはありえない」「全く空想だ」などとアイデアを評価しないで、どのようなアイデアも受け入れ、「そして、このようなアイデアもあるよ」と付け加えることが大切である。最初から否定すると創造性の広がりが閉ざされる。

4．現実的で将来性のある批評力

　もめごとの解決に必要となるのは、批評する能力である。解決策を導く批評とは、どのような能力だろうか。
　問題の本質は、具体的なレベルで考える必要もあるが、抽象的な次元にまで高めて実際問題に応用できる能力も必要となる。

① 　内省して考える力
② 　未来を信頼する能力
③ 　現在、適応されているルールや基準が明確に認識できる能力。
④ 　客観的な基準を明確にできる能力。
⑤ 　解決にいたる方法のオプションを作成し、選択し、基準を明確にできる能力。
⑥ 　将来の行動計画を立てることができる能力。

5．目標を設定する能力

> ワーク35
> 　目標を設定して、自分を少しだけ変えてみましょう。
> 　例　読書をもっとしたい。
> 　　　　勉強をしたい。
> 　　　　お金を貯めたい。
> 　　　　食事を減らしたい。
> 　　　　運動をしたい。
> 　　　　今度の試合で勝ちたい。
> 　　　　お友達を増やしたい。
> 　そこで、自己変革のための目標を具体的に設定しましょう。

行動目標を設定する場合には、以下の条件を満たすようにすること。
① 肯定的な目標にすること。避けたいことではなくて、本当に実現したいこと。
　例　孤独に感じないために、自分を忙しくする。×
　　　本当にやりたいことに集中してやりとげる。○
② 自分自身ですること。自分でコントロールできて自発できること。
　例　独りでも、楽しめることを見つける。自分の能力を伸ばすなど。
③ できるだけ具体的な目標にすること。
　例　ボランティア活動に参加する。
④ 目標が達成できたことが確認できること。
　例　手紙が出せる知人の数が増えた。人と話ができるようになった。
⑤ 目標を達成できる、適切な資源や方法のオプションがあること。

例　電話する、手紙を書く、パーティにでる、話をする、創作活動をする。
⑥　適切な大きさの目標であること。不可能なほど大きすぎないこと、努力の必要のないほど小さ過ぎないこと。やる気がでるぐらいの適切な大きさであること。
　　例　ボランティアに参加するのは、かなりの勇気がいるが、できないわけではない。友人を10人増やすことは、私にはとてもできない。
⑦　目標を達成した時の影響を考えること。目標を達成した時に、周囲の環境や人間関係がどのように変化するか予測すること。
　　例　誰かに受け入れられて、打ち解けて親密な関係ができると、生活が豊かになる。

6．問題解決アプローチ

　問題解決に対するアプローチは、大きく2つある。1つは敵対アプローチといって、争っている当事者がどちらも勝者になろうとする方法である。もう1つは、問題解決アプローチと言って、当事者が問題を解決したいという態度で、双方が解決に向けて努力するアプローチである。

ワーク36
　次の問題は、敵対的になって勝つか負けるかを争う姿勢にある。敵対的な姿勢から問題解決姿勢に変化させるには、どのように変化させる必要があるかを話し合ってください。
1．きちんと伝えることを伝えないで情報を制限する。
2．偽の情報を伝えて、形勢を有利にする。
3．大切な情報を秘密にしておく。

4．相手を攻撃する。
5．相手の欠点を指摘し、非難する。
6．話を妨害するために攻撃する。
7．相手は話しているとき、どのように反論するか考える。

次の表に敵対アプローチと問題解決アプローチの特色を記した。

敵対アプローチ	問題解決アプローチ
情報の流れが閉ざされている ・情報を差し控える ・策略と偽情報を用いる ・秘密性が効果的な方法として価値がある	情報の流れが開いている ・情報を分かち合う ・開いたコミュニケーションで、より公正である ・正確な情報は関心事を満足させる保証となる
コミュニケーションは一方的 ・当事者はお互いに名指しで攻撃する ・非難と欠点の攻撃 ・当事者はお互いに攻撃しあい、直接的な話し合いをしない 他者が話している間に、どのように反論しようかと考えている	コミュニケーションは双方的 ・当事者同士がお互いの必要性を確認する ・協力が必要な時に、お互いを攻撃したり、欠点を攻撃したりするのは創造的でない ・直接的な話し合い、お互いに対話する ・妥当な解決への手がかりを探って注意深く聞く

ワーク37
　新聞などで最近のもめごとやトラブル記事を探そう。そこに書かれている対処アプローチを分析し、問題解決アプローチか敵対アプローチかを検討してください。
　　例　北朝鮮と日本の話し合い

> イスラエルとパレスチナの関係
> アメリカの大統領選挙、民主党と共和党の意見
> EU 離脱の問題
> アルカイダとアメリカ政府

グループ活動をすると、意見のぶつかり合い・紛争・衝突（conflict）が起きる。その原因を次に示す。

① 多様な世界や相違点（diversity and difference）

自分の価値観や世界と違うものに遭遇すると恐れ、疑いを感じる。未知の世界に遭遇した場合の対策としては、次がある。

・お互いを理解し、お互いの関係性を明確にする努力をする。
・過去の紛争よりも将来の発展への可能性を探るようにする。
・関係性を改善する方法を探るようにする。

そして、衝突が解決されるとどのような利点があるかを考える。

・お互いに尊重すると、どのようなよいことが起きるだろうか。
・賛同できるものできないものをお互いに理解するとどうなるだろうか。
・お互いに共通する目標を設定し協力関係ができると、どのような変化が生じるだろうか。

② お互いのニーズが満たされない場合

・他者のニーズを無視しないで、他者のニーズを理解しようとする。他者のニーズを明確に理解できないことが争いの原因となることを確認する。
・自分のニーズを無視する場合や他者に対して一方的な犠牲を強いる関係があると不満や無力感が残ることになる。
・お互いの関係にどのようなニーズがあるか、関係性を維持することがお互いにどのような利益が生じるかを検討するとよい。

・ニーズとできれば手に入れたいことが混同することがある。ニーズは人の生存にとって必要不可欠なものである。ニーズと望み（desire）との区別をすると解決することができる。

③　視点が違う場合
・自己視点からだけ見ていないか検討すること。
　他者も当然に同じ視点で考えていると思い込んでしまうことがある。また、自分の視点は誰でも理解しているという思い込みがある。他者は、自分の思っている通りに行動してくれるという思い込みがある場合は注意が必要である。

　また、自分の視点を必ずしも明確に知らないし、自分の価値観に一貫性がない場合もあるので検討すること。
・敵と味方という具合に、完全に敵対する視点の対立と考える傾向がないか検討すること。敵の欠点ばかりが気になると、敵というイメージから影響を受けて否定的な感情をもってしまうことがある（事実は違うかもしれない）。あるいは、ステレオタイプや偏見に影響をされていないか検討すること。
・他者を歪曲して見ている。他者が悪いと思うと自分の方に正義があると思い込みやすいので注意すること。
・状況理解に過ちがある場合は、脅されたと感じる、他者を危険な存在と思う、あるいは取り除くべき存在だと思う傾向が生じる。このような危険性は空想上のことで実際には存在しない場合が多いので検討すること。
・自分に大きな不安がある（自信がない）ので、違いを受け入れられない場合も多々あるので注意すること。
・すべてを支配しないといけないという強い思い込みがあると、多様性を受け入れられない場合があるので注意すること。
・衝突を解決できる技術に欠ける場合は、衝突そのものに多大な不安を感じ

る場合がある。あるいは、衝突は戦争のようなものであり、一方が勝利するまで徹底的に戦うものと思っているかどうか注意すること。

④　権力や力（power）

力の意味を誤解して、他者を支配し、自分の思うように他者を動かすことを力だと思ってしまう人が存在する。実際は、「効果的に行動し、他者に適切な影響を与える」ことが力の本質である。支配だけが目的となると争いは続くことになるので、そのような考え方の傾向がないか注意すること。

⑤　価値観や倫理原則

次のような場合は、解決することが難しくなるので注意すること。

・話し合いを飛ばして、結論を出す。時には、価値観の違いというよりは単なる好みの違いによって衝突する。
・他者の価値観を無視して行動する。
・真っ向から対立する価値観をもつ。
・自分の価値観をよく知らない場合。

⑥　感情も解決に大きな影響がある

・感情を優先する解決になる場合がある。
・感情を無視して、知的に解決する場合もある。

以上は、感情の本当の意味を知らない解決方法である。気持ちを優先すると感情に流されたフェアでない解決や過剰な攻撃や防御あるいは偏った解決となるので、結局、満足が得られない解決に終わることになる。

第6章　事案の整理

オレンジの行方（オレンジケース）を考えてみよう。

> ワーク38
> 10歳の姉と5歳の妹が1個のオレンジを取り合っています。
> 　母親のあなたにはどんな解決方法が考えられますか。
> 　思い浮かぶ方法を話し合ってみよう。

さまざまな解決方法

① 姉に対して「あなたはお姉さんなのだから我慢しなさい」と言って妹にオレンジ全部を与える。

② どちらが先にオレンジを見つけて持っていたのかを姉妹に聞いて妹に「お姉さんが先に持っていたのだからわがままを言うのじゃありません」と言って姉にオレンジ全部を与える。

③ いままでの経緯を姉妹に聞いて、多少姉に言い分がありそうだけれど「あなた方は姉妹なのだから仲良く2人で分けなさい」と言ってナイフで2つに割って姉妹に与える。

> ワーク39
> 　事案の整理を練習しましょう。実は、姉はマーマレードを作るためにオレンジが欲しかった。妹はオレンジの実が食べたくてオレンジが欲しかった。
> 　このような場合、姉妹が共に満足できる解決を得るためにどのような方法があるか話し合ってください。また、解決策を考える際に、以下の

> 3つの考え方のプロセスを踏んでください。
> ① オレンジケースで、姉と妹の間の争いの争点（issue）は何ですか。
> ② 姉と妹のそれぞれの主張・要求（position）は何ですか。
> ③ それぞれの主張・要求の背後にあって、主張・要求させているより根源的なニーズ・利害（interest）は何ですか。

1．イッシュー・ポジション・インタレスト

① トラブルにおいて争われている争点をイッシュー（issue）という。イッシューは1つとは限らないので、注意すること。

② 自己の立場からの相手への主張・要求をポジション（position）という。これも1つに限らない。イッシューごとに、あるいは1つのイッシューに複数のポジションが考えられる。ポジションは、対話の過程で変化することもあり、消えてなくなることもある。

③ 主張・要求の背後にあって、主張・要求させているより根源的なニーズ・利害をインタレスト（interests）という。これを探るのが、紛争解決において重要である。通常、対話の初期段階では、インタレストが分からないことが多い。

では、オレンジケースではイッシュー・ポジション・インタレストはどうなるか検討しよう。

① イッシューは、オレンジは誰のものかである。
② 姉のポジションは、オレンジは私のもの。妹のポジションもオレンジは私のものである。
③ インタレストは、姉の場合、マーマレードを作りたい、妹の場合、実を食べたいである。

ワーク40
　事案の整理の練習を続けます。
事案の整理　その1
　次のケースで、AとBのイッシュー、ポジション、インタレストを指摘してください。インタレストは、想像でも結構です。
　姉Aと妹Bの父親が昨年亡くなりました。
　姉A「私は、お母さんを一人暮らしさせたくないわ。私がお母さんを引き取って一緒に暮らすわ。だから、お父さんが残した土地建物を売りましょう」。
　これに対して、妹B「お母さんはまだまだ元気よ。1人で充分やっていけるわ。だから、土地建物もそのままにしておけばいいのよ」と対立しています。
　①　イッシュー
　②　ポジション
　③　インタレスト

事案の整理　その2
　次のケースで、AとBのイッシュー、ポジション、インタレストを指摘してください。インタレストは、想像でも結構です。
　自転車を貸したら、パンクしていたケース。A男が、B男に自転車を貸した。
　その日のうちにB男は自転車置き場へ返却し、電話でその旨を伝えた。
　翌日、A男が自転車に乗ろうとすると、パンクしていた。
　A男は、「パンクさせたのだから、修理して返せ！」と言い、
　B男は、「僕は知らない。返した時には何ともなかった。置いているうちにイタズラされたのだろう。」と対立している。

① イッシュー

② ポジション

③ インタレスト

　A男

　B男

事案の整理　その3

　次のケースで、AとBのイッシュー、ポジション、インタレストを指摘してください。インタレストは、想像でも結構です。（母親が無断で娘の携帯を見たケース）

　最近、学校や友人の話をしなくなった娘を心配し、母親が娘の携帯メールを無断で見ようとしたことに娘が気づき、大喧嘩になった。

　母は、「あんたが何も言わないから心配したのでしょ。あんたの為にしたことなのに、なに、その言い方！ちゃんと話してくれたら、お母さんもこんなことしないでしょ！」

　娘は、「人の携帯、勝手に見るなんて、信じられない！絶対に許さない。こんなプライバシーも無い家、出て行く！」

① イッシュー

② ポジション

　母

　娘

③ インタレスト
　　母

　　娘

事案の整理　その4
　次のケースで、AとBのイッシュー、ポジション、インタレストを指摘してください。母親Aには、高校生の息子がいるが、最近学校でいじめられているということがわかった。Aは、担任のB先生に相談に行ったが、B担任はAの話は聞くものの、いじめは存在しないとの一点張りで、結局対応策を講じるとの話はなかった。Aは、教頭先生に会いに行き、いじめに対して無策な担任の先生を担任から外してくれと要請した。教頭先生は、Aの息子のB担任は大変教育熱心で、優秀な先生だから担任から外すことなどあり得ないと応対した。これに怒ったAは、それなら息子を転校させる、またいじめによりひどい目にあっている学校に授業料を払う気はしないと言った。しかし、Bは、Aさんの息子のことを考えると転校させるのはかえってマイナスだと述べ、授業料は払ってもらわなくては困ると言った。
　　① イッシュー1→
　　② Aのポジション→　　　　　　　Bのポジション→
　　③ Aのインタレスト→　　　　　　Bのインタレスト→

　　① イッシュー2→
　　② Aのポジション→　　　　　　　Bのポジション→

```
    ③  Aのインタレスト→        Bのインタレスト→

    ①  イッシュー3→
    ②  Aのポジション→         Bのポジション→
    ③  Aのインタレスト→        Bのインタレスト→
```

2. なぜインタレストが重要なのか

　ポジションはオールオワナッシング（all or nothing）の形になることが多く、全部あるいは無になるかという具合に相手に勝つか負けるかという闘争になる傾向がある。ポジションの対立により、話し合いが滞り、解決の糸口が見えなくなることがある。ポジションは譲れないものという気持ちが強い。しかし、当事者間に接点がなく、無関心ならそもそも争いが生じることもない。争っている当事者の背後に共通する何らかのものがあるから争いになることが多い。

　インタレストが分かれば、当事者がインタレストに気づけば、紛争が新たな局面に移る可能性が出てくる。争っている当事者は、心理的に混乱していたり、怒っていたりするので、インタレストに気づいていないことも多々ある。

　そもそも争いが起きる原因にポジションがある。しかし共通するインタレストがあることが多いが、それに気がついていない。

　事例１の共通するインタレスト「お母さんに父親亡き後にきちんと暮らしてほしい」

　事例２の共通するインタレスト「よい友達でいたい」

　事例３の共通するインタレスト「よい家庭が欲しい。仲良く暮らしたい」

事例4の共通するインタレスト「学校教育は息子さんに必要である」

このように、争っている当人同士は、共通するインタレストに気がついていない。争いごとの解決の糸口は、このような共通するインタレストにある。

第7章　メディエーションの実際

この部分の説明は実際にメディエーションを進める際の参考にして欲しい。メディエーションの代表的プロセスは、以下の5ステップある。

第1ステップ―当事者の自由意志に基づいて話し合いをすることの合意を得て、創造的で効果が上がる雰囲気を作る。
第2ステップ―各当事者の主張の観点を収集して、各主張を明確にする。
第3ステップ―当事者の利害や関心事に焦点を合わせ、共通する利害・関心があるかどうかを模索する。
第4ステップ―当事者の双方にとって受け入れられるオプションを模索する。
第5ステップ―それぞれの案を検討し、実施可能で、合意できる案を創造する。

メディエーションは、当事者同士が話し合いを望み、訓練を受けた中立のメディエーターの援助を受けて解決を模索する。裁判のように時間や費用のかかる方法の代替手段となる。しかしながら、犯罪性の高い事件、例えば子どもの虐待、相手に障害を生じる家庭内暴力や重大な犯罪には調停を用いることはない。

1．プロセス

次にメディエーションを進行段階に沿って説明する。

第1段階　舞台の設定（自己紹介とルールの説明）
① メディエーターの自己紹介

②　争っている当事者が問題を解決したいという意思の確認
③　秘密の厳守の説明：調停の場で話されたことについては秘密の保持を厳守すること（但し、凶器や麻薬に関することは学校当局などに連絡する）。
④　争っている当事者に次の４つのルールに同意させること：
・相手が話しているときには中断しない。
・ののしったり、暴力的な行為をしたりしない。
・できるだけ誠実になること。
・論争者はメディエーターに向かってのみ話すこと。

ここまで進行したらメディエーターは以下を確認する。
・「この説明ではっきり分かりましたか」
・「質問がありますか」

第２段階　当事者の理解と争っている内容の理解
⑤　どちらが先に話をするか決める…「どなたが先に話しますか」
　　（メディエーターが、先に話す人を指定すると、優先順位を与えた印象となり中立と思われないことがあるので注意）
　　「どんなことが起きたかお話し願えますか」
⑥　第１の人が話す
　　（聞く技術を使い、話し手に注目する。メディエーターの姿勢や、顔の表情に注目しているというメッセージが伝わること。穏やかな声の調子で話すこと。）
　　話の内容を確認する…「（話の内容を要約して）あなたが、おっしゃりたいことは、これでいいですか。」「あなたのお考えでは、話の核心は、これでいいですか」「このことについて、もう少しお話し願えますか」
⑦　第２の人が話す

(上記と同じ技術を用いること)

その他の発言例。
・「他に付け加えたいことがありますか」
・「どんなことがあったか話してもらえますか」
・「私に理解できるように、その部分をもう少し詳しく話してもらえますか」
・「これについて、どのように感じますか」
・「あなたの考えでは、問題点の核心はどこにありますか」
・「(要約して)あなたがおっしゃりたいのはこれでいいですか」
・「このことについて、もう少しお話し願います」
・「他にこの問題を生じている原因はありますか」
・「他に何か付け加えたいことがありますか」

第3段階　問題の解決
　⑦　第1の人に自己の力で解決できる部分がないかを聞く
　　「どのようにすれば、この問題が解決するとお考えですか」
　　「どのようになることを期待していますか」
　⑧　第2の人に上記の解決法に同意するかどうか聞く
　　「今の話は分かりますか」
　　「もう一度お話し願います」
　⑨　第2の人に自己の力で解決できる部分がないかを聞く
　⑩　第1の人に上記の解決法に同意するかどうか聞く
　　(それぞれの問題について同意を得るように努力すること)
　　「どのように変わることを望んでいますか」
　　「友達関係を続けたいですか」
　　「あなたにはフェアだと思えますか」

「問題は解決したと思えますか」

第4段階　同意書の作成
⑪　問題が再び起きた時、今回と同じ解決策をとるかどうか聞く。
⑫　問題を解決したプロセスを理解したかどうかを聞く。
⑬　問題が解決したと友人に話をして、うわさが広まらないように注意するように伝えること。
⑭　論争者が解決に努力したことを誉めて高く評価すること。
⑮　同意用紙に調停内容を書き込み、論争者が退室する前に署名された用紙を3通作成する。それぞれの当事者が1通ずつ所有し、残りの1通は管理者等が保管する。

メディエーターは以下のことを確認する。
　「守秘義務についての決まりを理解していますか」
　「何かあったら、いつでもメディエーションに戻ってこられることを知っていますか」
　「何か質問がありますか」
　「同意書に署名できますか」

２．メディエーターの役割

メディエーターの役割を整理する。

第1段階
・もめごとの当事者がどの位置に座るかを指示する。
・安全な環境を提供する。（脅しや暴力のない環境）

① メディエーションのプロセスを説明する。次にメディエーションの目的を説明する。

「お互いに受け入れ可能な解決策を作成する援助をします」

「合意するためには1回以上のセッションが必要になります」

「個別のセッションが必要な場合は申し出ることができます」

「合意された事項を書類にして署名することが求められます」

② どちらが正しくて、どちらが悪いかを決定する役割ではない。

③ 基本ルールの設定をする。

・一人一人が話し、話を中断されない。

・各自敬意ある言葉や態度を維持する。

・休憩が必要なときは申し出ることができる。

メディエーターの役割を整理すると以下になる。

・当事者が解決の可能性や解決方法について理解しているかどうかの確認

・解決策を考え、決定する援助

・当事者間に交わされる質問をどの程度理解しているかの推測

・同意書とは何かの説明

  自由意志の参加

  メディエーターの役割の承認

  メディエーションプロセスを公開しないこと

  公認機関であれば料金の設定（学校は無料）

第2段階

 ・コミュニケーションの方向を設定（当事者から調停者へ）

 ・中断されることのない発言の説明

 ・基本ルールの強化

・この段階での目標と目的の確認
　自分の意見を述べて、他者の意見を聞く、調停する問題の定義と内容の要約、共通点の確認

① メディエーターは話を中断する行為をさせない。
② 取調べのようにならないように「開かれた質問」を用いる。
③ 言い換え、要約の技術を頻繁に用いること。
④ 信頼関係を築くこと。双方に同じ注目をする。
⑤ 強い感情や表現をそのまま用いないで、その意図するものをトーンダウンして表現する。
　例　「Ａさんは私の物を盗んだ」―――＞「Ｂさんは別の考えがあるようですね」
⑥ 中立、穏やかなトーンを保つ。
⑦ 当事者が怒りなどの感情を表明しても、それを受け入れる態度。
　それなりに深刻な問題なので、適切に感情を表出できるようにする。

第3段階
・解決策のオプションとその決定を援助する。
・当事者間の関係を維持する。
・公正さを保つ。

① プロセス管理
・問題の解決がフェアであると感じられるように、問題に関連するすべてを聞く。
・解決すべき問題の確認をする。
・問題解決の指針の確認をする。

- 同意すべきことの確認をする。
- 長期か短期か、比較的容易か緊迫しているかによって優先順位を決める。

② 行き詰った場合の打開
- 創造的な解決を模索しブレーンストーミングを実施する。
- 足りない情報を補う。
- より解決しやすい事項から検討する。
- 「仮に…だったら、という想定質問をする」
- 解決しない場合は、中断する勇気をもつ。

③ 感情の扱い
- 表現のトーンダウン。
- 一般論から特定論へ移行する。
- 隠されたイッシュー（issue）を探る。
- 正しく理解しているかの確認をする。

④ 解決策を練る前に、何が本当のイッシュー（issue）であるかを明確にし、合意を得る。

⑤ 双方の意見や視点が明確になると、共同して解決できる関心事とは何かを明確にする。

⑥ 立場から関心事への移行。

⑦ オプションを拡大する。

⑧ フェアとは何かを探る。

第4段階
- 解決策の特定
- 双方の関係性の取り決め
- 同意されたことが実施可能かどうかの確認
- 他者に同意事項をどう説明するかの確認

① 同意書に以下の要素があるかどうかの確認
・明瞭で具体的な表現（いつ、どこで、何を、どのように、どの期間）
・建設的な表現である。
・現実的でバランスがとれている。
② 次の確認をする。
・同意書の実施が可能かどうかの見通しの確認
・同意された事項の実施されたことを当事者が確認できるか、第三者が確認するか。
・取り決めを守ったことを将来確認するかどうか。

3．同意書の作成

　同意書の作成は、争っている当時者が未来の関係を設定するという大きな意味がある。
① 作成する目的
・提示された問題のそれぞれの解決策を特定する。
・当事者同士の将来の関係を取り決める。
・同意されたことが実施可能かどうかを確認する。
・他人に対して同意された事項をどう説明するかを準備する。

　同意書は、特定的に書かれていることが大切である。不明瞭な言葉を避けて、具体的に記述すること。できるだけ法律用語を避けて、当事者が使った言語を尊重すること。また、禁止事項のようなネガティブな表現ではなくて、建設的に書かれていること。

　次にメディエーターが確認する例を示す。
・「この同意書に書かれていることを実行するのは可能ですか」

・「十分に納得できる内容ですか。単なる希望ではありませんね」
・「同意書で決められたことは、自分でできることですか。第三者による実行の確認が必要ですか」
・「同意書で決められたことをどの程度実行したかをいつ、どのように確認しますか」

4．メディエーションの実習

> ワーク41
> 　メディエーションの実習準備：クリーニング屋とそのお客さんのトラブルです。
>
> 　クリーニングに出したジャケットが色あせたトラブル
> 　Mさんは（28歳）は3週間前にジャケットを、クリーニングに出したところ、そで口、ポケットの部分のコーティングが少しはげて返ってきてしまった。クリーニング屋に抗議に行ったが、店主はジャケットがクリーニングの耐用年数を過ぎていることを理由に応じようとせず、口論になりMさんは態度を硬化させた。
> 　その後Mさんはどうしようか調べてクリーニングの賠償基準も知ったが、この際できるだけの賠償を要求してみたいと考え、メディエーションセンターに話を持ち込みました。
> 　Mさんが申立人、Sさんが相手方になります。

メディエーションの可能性
① 当事者の状況
当事者は、相手に対し、怒り・憎しみ・悲しみ・恐怖などで冷静に話ができ

ない精神状態にあることが多い。あるいは、相手方と利益が対立しているという意識に支配されて、合理的な判断ができない場合もある。このような状態にある当事者の多くは、自分の主張を何度も繰り返し述べ、相手の話を聞いているようで聞いていない。場合によっては、相手が話をしているのにもお構いなく自分の話を声高に展開する。また主張の内容は論理的でなく感情的で理不尽なものが多くなる。すなわち、総じて相手の話を冷静に聞くことができない状態、あるいは当事者もどうしていいか分からない状態になる。

　<u>当事者は、自己の価値観・経験を通じて、事態を認識・把握している。この価値観や経験は当事者ごとに違うから、同じ事態であってもそれの捉え方、受け止め方、見え方が全く違ってくる可能性がある。</u>
　例えば、クリーニング屋にとって、洗濯物は毎日大量に扱うものであり、このケースで問題になったジャケットはその1つにすぎない。いいことかどうかは別にして、クリーニング屋にとってたいした問題ではないという気持ちがあるかもしれない。また、クリーニング屋としての長年の経験からすると、ジャケットの袖口の不具合は当然起こりうる不具合であり、避けられないものであるとの認識があったかもしれない。これはクリーニングの専門家としての事態の把握の可能性である。
　他方、洗濯物をだした客からすると、クリーニング屋はその道の専門家であり、プロとして失敗は許されないとの思いがあるかもしれない。またそのジャケットが就職祝いに母からもらった特別のものであるという想いが、執拗にクリーニング屋に食い下がる動機になっている。しかし、クリーニング屋にはその気持ちは今のところわからない。
　<u>表面的な問題は、ジャケットのそで口、ポケットのコーティングがはげたことによるトラブルにすぎないが、両当事者の認識・想い・経験等が複雑に交錯しており、事態の捉え方、見方が食い違っている。</u>

② メディエーターの役割

　メディエーターの役割は、当事者の話を聞きながら、当事者を落ち着かせ、まず冷静に対話ができる状態にすることにある。調停者が、当事者の主張、要求、不平、不満、怒り、悲しみ、憎しみ等をとにかく聞くことで、受け止めることで、次第に当事者は落ち着きを取り戻していく。

　また、メディエーションという場を設定したこと自体が当事者を落ち着かせるという要素がある。感情的に言い争い、罵りあっていた当事者が、第三者が介在するメディエーションの場に着くということ自体が紛争の局面の転換を意味している。メディエーションの場にとにもかくにも着くということは、当事者の心の中のどこかに解決したいという想いがあるともいえる。その意味で、メディエーションの場を持てれば、そのメディエーションは半分成功したとよく言われる。どのようにして当事者をメディエーションの場に着かせるのかということは重大な問題であり、相手方にメディエーションへの参加を呼びかける時点からメディエーションは始まっている。

　当事者が落ち着きを取り戻し、冷静に話をするようになっても、相手の話を聞いてまた興奮し出すことはざらにある。メディエーターは、またじっくり当事者の話を聞いたり、場合によっては対話のルールを再確認したりして、対話の土俵に乗せていく。メディエーションは、このようなことを繰り返しながら次第に当事者間の対話を可能にする手続である。このような当事者の冷静な対話が少しでもできてきたならば、さらに当事者に気づきを与えることが可能となってくる。

　メディエーターは、当事者の話を聞きながら、当事者間のイッシューとそれに対する各当事者のポジションを整理していく作業を行う。この作業を続けていくと場合によってはポジションの背後にあるインタレストが見えてくること

がある。この場合、適切な時期にこのインタレストに基づいてリフレームや積極的な投げかけを行うことによって、当事者に気づきを与えることが可能となる。もちろんこれは往々にして失敗する。メディエーターがインタレストだと思ったことが当事者にはインタレストではなかったり、当事者の精神状態がまだインタレストに気づくまでには至っていなかったりという場合もある。しかし、このような失敗は全く気にする必要はない。またじっくり当事者の話を聞けばいいからである。

　メディエーターがこのような作業をしていく過程で、次第に当事者自身がその力（対話）で問題解決に向かっていく。この点で、よく認識しておく必要があるのは、実は紛争の原因・問題点を一番よく知っているのは当事者だということである。紛争当事者こそがその問題の解決の方向を知っているはずであり、その意味で、本来紛争解決の可能性は当事者が握っているのである。ところが、紛争当事者は諸々の理由から当事者能力を喪失しており、解決に向けての話し合いができなくなっている。それは前述したように当事者の感情的混乱から冷静な判断ができなくなっている場合もあるし、うすうす自分に非があることは分かっているけれども素直になれない場合や、自分に非があることははっきり認識しているけれども、自分の利害関係から意図的にその非を認めない場合までいろいろある。

　いずれにせよ、紛争解決は、当事者の力で行うことが可能である。そうでなければ本当の解決にはならない。メディエーターはそのための援助者であり、当事者が自分の力で解決するために当事者をエンパワーすることが重要な役割となる。
　その前提として、メディエーターと当事者との間信頼関係の形成が重要であり、相手の話をしっかり聞くことが必要不可欠である。またそのための技法の

習得も必要であり、具体的にはアクティブリスニング（傾聴）を実現するためのオープンクエスチョン・言い換え・リフレーム・要約等の技法を習得する必要がある。

③　メディエーションの目指すもの

メディエーションは、紛争当事者の対話促進を図り、当事者の対話による紛争の解決を図ることである。自分たちの問題は自分たちで解決するという自立した市民社会の形成という思想に基づくものである。

この点に関連して、ファシリテーションという考え方もある。ファシリテーションのファシリテーターは、メディエーターに似ているが、メディエーターより手続に対する関与度は少なく、メディエーターのように解決することが目的ではない。対話を促進すること自体が目的であり、紛争が解決しなくても対話が促進すれば成功であると考える。魅力的な考え方であり、ケースによってはファシリテーティヴ（促進的）な手法も有効であると考えられる。

メディエーションは、紛争について、過去の何が間違っているとか、誰が悪いのかという判定をするのではなく、これからどうするのがいいのかという将来のことを問題とする。裁判は、過去の紛争に関する判定であるが、メディエーションは、当事者はこれからどうしていくのが最もハッピイなのか（WIN－WINの関係）を探る方策なのである。

次の例題に従い、メディエーション実習をしよう。

ワーク42
　1．メディエーションをやってみよう

1．次のAとBの対立について、ロールプレイをしてみましょう。AとBとメディエーター（2人）の4人でやります。

　副メディエーターの役割はプロセス管理です。コミュニケーションルールが守れているか、コミュニケーションの方向が管理できているか（メディエーターに向かって話すのか、当事者間で話すのか）、効果的なコミュニケーションができているかを管理します。主となるメディエーターは、パラフレーズ、要約、質問、リフレクションを頻繁に使い、コミュニケーションを促進します。

2．AとBは、A用とB用のスクリプトをよく読んで役作りをしっかりやってください。AとBになりきるつもりでお願いします。メディエーター役の人はAとBのスクリプトを見ないでください。

3．事案1　遅刻はだめのケース

　AとBは、同じ学校の同級生で同じ仲良しグループに所属していました。Bは休日にグループで遊びに行く時に待ち合わせ時間に遅刻してくることが多く、AはそんなBに腹が立っていました。

　そこで、ある休日また同じグループで遊びに行く時に、AはBに待ち合わせ時間をみんなより30分早い9時半と伝えました。その日に限って、Bは時間通りに待ち合わせ場所に到着しました。みんなの待ち合わせ時間が、10時だったことを知り、Aが9時半として待ち合わせ時間を伝えたことに対して怒りを感じました。

　Aは、Bにいつも遅刻してくるから今日は映画の時間もあるし遅刻されたら困るから早い時間を伝えたと主張しています。

4．事案2　犬の吠え声ケース

　1）次のAとBの対立について、ロールプレイをしてみましょう。AとBの当事者とCのメディエーターの3人でやります。

2）　ＡとＢは、Ａ用とＢ用のスクリプトをよく読んで役作りをしっかりやって下さい。ＡとＢになりきるつもりでお願いします。メディエーター役の人はＡとＢのスクリプトを見ないでください。

3）　では、次の文章を読んでください。

4）　マンションの住人（Ａ）は隣人（Ｂ）の飼っている犬の吠え声で、眠れない日が続いていて、とうとうたまりかねてＢに苦情を申し入れに隣家のチャイムを押しました。

（ピンポーン）

Ａ　柴田さん、隣の松本です。夜分恐れ入ります。

Ｂ　（ドアを開けて）ああ、松本さん。何ですか。

Ａ　お宅、犬を飼っているでしょう。今日はそうでもなかったのですが、昨日も一昨日も犬の吠え声で、私眠れなくなっています。なんとかしていただけませんか。

Ｂ　そんなはずないですよ。うちの犬は吠えないようにしつけていますから。

Ａ　あなたは朝早く出勤しているから分からないかもしれませんが、あなたが家を出てから、ワンワンと大きな声で吠えるのですよ。

Ｂ　そんなことはないはずですよ。

Ａ　いいえ、ほとんど毎日ですよ。私は、仕事で夜遅くなるので、朝は昼近くまで寝ないと身体がもたないのに、朝からお宅の犬の吠え声で眠れなくなって、もうフラフラです。第一このマンションはペットを飼うのは禁止されているのじゃありませんか。

Ｂ　うちの犬は家の中では吠えないように、ちゃんとしつけられています。

　　それに、ペットを飼っている人は大勢いるのではないですか。

A　現に、犬の吠え声で眠れなくなっているのに、それを認めないのですか。

B　そんなはずは絶対ありません。それに動物ですから少しぐらいクンクンすることはあるかもしれませんが。あなたの方が神経過敏症じゃないですか。

　　音のことをいえば、あなただって、夜遅く帰ってきて廊下をパタパタ歩いたり、ドアをバターンと閉めたり。あの音の方がずっと迷惑です。一度注意しようと思っていたところですよ。

A　私は夜遅くなる仕事をしているのです。音にはちゃんと気をつけています。

B　いいえ、大きな音をたてています。それに夜遅くシャワーを使ったり、テレビをつけたり、私は朝が早いのに、こちらこそ不眠症になりそうです。

A　（大声で）ともかく、犬に吠えるのを止めさせるか、犬を飼うのを止めるか、どちらかにしてください。

B　（大声で）そんなことはできません。そんなに気になるなら、あなたがこのマンションから出たらいいじゃないですか。そうしたら、私も不眠症から解放されます。ともかく、あなたとこの件でこれ以上お話しすることはありません。

（ドアをバターンと閉める）

5）　さて、困り果てたAは、マンション管理組合の理事長であるCに相談に行きました。そこで、CはAとBを呼んで話し合いの場を持つことにしました。では、3人でロールプレイを始めて下さい。

第8章　もめごとや紛争を超えて

　メディエーションを進めるうちに自分の過ちに気がつくことがある。誤解したり、情報が足りなかったりしたことが原因で、相手のことをとても悪い人間だと思っていたが、実はもめごとの原因に自分の過ちが多少とも関係があることもある。それでは、もしあなたが誰かを傷つけたと気がついたらどうするだろうか。ただちに謝罪するだろうか。あるいは、自分が間違えたことを謝罪しないだろうか。

ワーク43
あなたが誤ったと思った場合、次のどの態度を取りますか。
1．「そんなことないよ、私は悪くないよ。あんなことで傷つく方が悪いよ」
2．「当然なことをしたよ。君も同じことをしたじゃないか」
3．「ごめん謝る。でもそれにはどうしようもない理由があるのだ」
4．「申し訳ない。私は間違えたことをしてしまった」

　1の態度は、否定する態度である。多少悪いなと思っていても、強い言葉で責められるとつい防衛的になり、言い返してしまう。
　2の態度は、正当化である。間違ったことをしたかもしれないが、それには正当な理由があると反論する。
　3の態度は、弁解である。仲間からのプレッシャーでそうせざるを得なかったとか、冗談に過ぎないとか、いろいろな理由を考える。
　4の態度は、過ちを認めて、弁解も正当化もしないで、特定の行為について

謝罪する。

1．謝罪すること

謝罪には、いくつかのレベルがある（Worthington, 2012）。

レベル1　弁解しないで謝る。

レベル2　一般的な謝罪ではなくて、特定の誤った行為に対して謝罪する。
　　　　「ごめんね」よりも「あの時に、靴を隠してしまってごめんなさい」

レベル3　相手を傷つけてしまったことを認める。
　　　　「がっかりさせてしまってごめんね。何とかしたかったのだけれど、かえって冷たくしてしまったね」

レベル4　相手の人格を尊重する。
　　　　「ごめんね、ぼくが無責任だった。こんなことをしてしまって後悔しています。君の貴重な時間で謝罪を聞いてくれてありがとう」

レベル5　対等の関係に修復する。
　　　　「埋め合わせをしたいけれど、何かできることはない」

レベル6　二度と同じ過ちはしないという。
　　　　「もう二度と同じ過ちをして、君を傷つけることはしたくない」

レベル7　ゆるしてくれるかどうか尋ねる。
　　　　「ごめんね。いじめてしまって。ゆるしてくれる」

社会で必要なのは、正義の実現だけではない。思いやりと過ちに対する寛容な態度が必要である。加害者からの謝罪の気持ちの表明によって、今度は危害を受けた側がどのように〈ゆるす〉かによって、和解も可能になる。

2．ゆるし（forgiveness）の実践

> ワーク44
> 　人からの過失あるいは意図的な加害に対してあなたは次のどの態度をとりますか。
> 1．私が経験した同じ程度の苦しみを与えなければ、ゆるすわけにはいかない。
> 2．私が失ったものを取り戻すことができるならば、ゆるしてやってもよい。
> 3．他の人がゆるすことを期待しているので、あなたをゆるそう。
> 4．私の信条（宗教や道徳観）に従い、ゆるす。
> 5．ゆるすことによって、社会秩序や社会の調和がもたらされるので、ゆるす。
> 6．ゆるすことによって、愛情や人道が実践できる。傷つけ合う過去の関係があったとしても、それによって愛情関係が壊されることはない。この精神があれば、和解が実現し、復讐の応報もなくなるだろう。

　エンライトら（1989）は、発達理論に基づいてゆるしの発達理論を作り上げた。「ゆるし」は英語で「forgiveness」に当たる。ゆるしとは、漢字にすると「許し」「赦し」とある。許しとは、「許可する」のように願いを聞き届けるという意味がある。赦しには「恩赦」のように、罪や過ちを赦すという意味がある。英語のforgivenessの意味は、危害を与えた人に対して怒ることをやめる、あるいは他者に対して「もうしわけない」という気持ちをもつ、あるいは負債などの返還を容赦するという意味がある。ゆるしにはいろいろな意味があるが、ゆるしは次のジョアンナ・ノースの定義に従う。

「他者によって不当にも傷つけられた場合、その加害者に対する怒りの感情を乗り越えたときにゆるすことができます。これは、怒りを感じる権利を否定するものではなく、その代わりに、過ちを犯した行為者に憐憫(れんびん)、慈悲、愛を提供するものです。加害者は必ずしもこのような恩恵に浴する権利はないことを了解しながら、ゆるしを実践します」。(エンライト著『ゆるしの選択』25ページ)

このようなゆるしには次の三つの特色がある。
① 加害者の行為は不当なものであり、その本質は時間の経過によって変化するものではない。
② 被害者は、怒りを感じる道義的な権利を有する。他者に危害を与える権利はない。人は尊重される権利がある。
③ ゆるすことは、怒りや憤慨に感じるという権利を放棄することでもある。

ゆるしを理解するためには、ゆるしでないものは何か、あるいはいつわりのゆるしは何かについて知る必要がある。ゆるすことは、大目に見る、言い訳にする、一方的に正当化する、忘却する、和解する、罪を軽減する、許容することではない。

ゆるしの実践にはいくつかの注意が必要である。まず、ゆるしは自由意志によるものである。ゆるしは誰かによる強制されるものではなく、選択されるものである。人は、他者から被害を受けることで、人生が完全に別なものになり、身を焦がす怒りや憎しみを経験した後に、このような苦しみを克服するさまざまな試みをする。しかし、どれも思ったような効果がない。多くの人に

は、ゆるしという選択肢が与えられていない。考えたこともないことが多い。

　エンライトは、道徳性の発達レベルに対応して、ゆるしに対する態度にも6つの型があるとする。

　ゆるしの型1（9〜10歳）──やられたらやり返す復讐的ゆるし（私が受けた苦しみや痛みと同じ程度の仕返しができた場合のみゆるしてもよい）。

　ゆるしの型2（10歳ぐらい）──条件的、弁償的ゆるし（奪われたものを取り返えしたらゆるす。あるいは、ゆるさないことで罪の意識を過剰に感じるのなら、それを軽減するためにゆるす）。

　ゆるしの型3（12〜15歳）──ゆるすことが皆から期待される場合（他者から圧力をかけられた場合、他者からのゆるす期待が大きい場合にゆるす）。

　ゆるしの型4（高校生1年生ごろ）──合法的かつ他者の期待に添ったゆるし（相手をゆるすことが求められる場合にゆるす）。

　ゆるしの型5（成人）──社会の調和としてのゆるし（ゆるすことによって、社会の調和を築き、善き人間関係の形成することになる。社会をコントロールする方法としてのゆるし、平和な人間関係を続けるための方法）。

　ゆるしの型6（成人）──愛としてのゆるし（真の意味での愛情としてのゆるし。他者を真にケアする心の表現としてのゆるし。型5と違い、ゆるすことによって、その人をコントロールしようとする意図がない）。

　ゆるすという選択肢があることを知っておくと怒りから自由になる選択が見つかることがある。

> ワーク45
> 次の問いについて考えてください。
> 1．あなたは不当な行為で被害をこうむった場合、怒りを感じますか、あるいは何もできない無力さを感じますか。
> 2．あなたは今までに、他人の過失あるいは意図的に悪意のある行為をゆるしたことがありますか。
> 3．長年にわたり恨みに思うことは、どのような結果を残しますか。
> 4．被害者がゆるすこと以外に安心と平和な気持ちを得る方法はあるでしょうか。
> 5．ゆるすことによって、何がもたらされるでしょうか。

　ワークの最後は、もめごとを越えて、平和を建設するということを考えてみよう。人間の歴史には、さまざまな争いとともに平和を構築する努力で満たされている。人間は、もめごとは避けることはできないが、対話によって解決できるという事実を積み上げてきた。

<参考文献>

Bodine, R. J. & Crawford, D. K. (1998). *The Handbook of Conflict Resolution Education: A Guide to Building Quality Program in Schools.* CA: Jossey-Bass.

Crawford D.,& Bodine R. (2005). *Conflict Resolution Education,* Honolulu Hawaii: University Press of the Pacific.

Cohen.R. (2005). *Students Resolving Conflict: Peer Mediation in Schools,* Tucson. AZ: Good Year Books.

Enright, R. D., Santos, M., & Al-Mabuk, R. (1989). The Adolescent as

Forgiver: Journal of Adolescence 12: 95-110.

Enright, R. D. (2001). *Forgiveness is a Choice: A Step-By-Step Process for Resolving Anger and Restoring Hope,* APA Life Tool（R．エンライト著『ゆるしの選択』〈水野修次郎監訳〉河出書房新社、2007年）

福島治・大渕憲一「紛争解決の方略」大渕憲一編著『紛争解決の社会心理学』ナカニシヤ出版、1997年、pp.32-58。

東山紘久著『プロカウンセラーの聞く技術』創元社、2000年。

井隼経子・中村知靖「資源の認知と活用を考慮したResilienceの4側面を測定する4つの尺度」『パーソナリティ研究17(1)』39-49, 2008年。

Johnson, D. W., Johnson, T. R., Holubec, E. J. (1994). *The New Circles of Learning: Cooperation in the Classroom and School,,* （ジョンソンD.W.・ジョンソンR.T.・ホルベックE.J.著『学習の輪―アメリカの協同学習入門』杉江ら翻訳、二瓶社、1998年）。

Kreidler, W. J. (1984). *Creative Conflict Resolution: More than 200 Activities for Keeping Peace in the Classroom,* Illinois: Scott, Foresman.

Lickona, T. (2004). *Character Matters: How to Help Our Children Develop Good Judgment, Integrity, and Other Essential Virtues,* Touchstone（トーマス・リコーナ著『「人格教育」のすべて―家庭・学校・地域社会ですすめる心の教育』水野修次郎・望月文明訳、麗澤大学出版会、2005年）。

水野修次郎著『カウンセリング練習帳』おうふう出版、2009年。

水野修次郎著『争いごと解決学練習帳』ブレーン出版、2004年。

Moore, C. (1996). *The Mediation Process: Practical Strategies for Resolving Conflict,* CA, SF: Jossey-Bass.

Perlstein, R. & Thrall, G. (1996). *Ready-to Use Conflict Resolution Activities for Secondary Students.* NY: The Center for Applied Research in Education.

Potter-Efron, R. (1994). *Angry All the Time: An Emergency Guide to Anger Control,* CA: New Harbinger.

Rahim M. A. (1986). Referent Role and Styles of Handling Interpersonal Conflict. *Journal of Social Psychology,* 126, 79-86.

佐藤綾子編著『カウンセラーのためのパフォーマンス学』金子書房、2015年。

Schellenberg J.A. (1996). *Conflict Resolution: Theory, Research, and Practice.,* NY: State University of New York.

Wilmot, W.W., & Hocker, J. L. (1997). *Interpersonal Conflict,* MA: McGraw-Hill.

Worthington, E. Jr. 2013. *Moving Forward: Six Steps to Forgiving Yourself and Breaking Free from the Past,* WaterBook.

Part Ⅱ
もめごとや紛争（コンフリクト）を超えて和解へ

～対話による創造的転換（トランセンド法）
　　　　　　　　　　　とホーポノポノ～

井上　孝代

はじめに

　3人以上の人間のいるところ、対人葛藤という名のもめごとや紛争が生じる。以下、そのようなもめごとや紛争をコンフリクト（conflict）と総称する。社会の矛盾が新しい社会建設の源泉となるように、人間間のコンフリクトも新しいより良き関係を作る基礎となる。しかし、社会の矛盾の解決に暴力を用いると多くの人が傷つき多大な被害が生じるように、対人的コンフリクトを非暴力的に転換しないと、人間関係のまずさや断絶、ひいては殺人・傷害などのような悲劇的な閉幕となる。この社会的紛争、対人的葛藤を、非暴力的に解決する上で最も重要なものが「対話」である。

　筆者の専攻は、心理学といっても特にその下位領域である臨床心理学とカウンセリング心理学である。これまでの研究と実践テーマとして、障害児の発達援助、精神障害者の地域援助、外国人留学生のカウンセリング、家庭裁判所調停委員、スクールカウンセリングなどを行ってきた。現在は、対人援助への包括的接近法として、発達心理学的アプローチと、コミュニティ心理学的アプローチと多文化カウンセリング的アプローチの統合をめざしている。また、家庭裁判所の調停員として離婚などの家族の問題の調停にも関わってきた。そのような調停など裁判外紛争処理（ADR）との関わりにおいては、「トランセンド法」（平和的方法による紛争転換）（井上、2005等）を活用してきた。トランセンド法はコンフリクト解決学の成果である。臨床心理学者であり、同時にカウンセリング職にも従事する上では、特に「対話的コミュニケーションの心理学」と「対話における傾聴と共感」の2点に留意しながら活動してきた。

第9章　対話による創造的な
　　　　コンフリクト転換（トランセンド法）

1．調停とトランセンド法

　筆者は、家庭裁判所の調停員として離婚などの家族の問題の調停に関わるときには、平和学者ヨハン・ガルトゥングが開発した「トランセンド法」を活用してきた。

　トランセンド法とは、コンフリクト（対立、もめごと、諍い、葛藤、紛争など）の解決にあたって、双方の妥協点を調整する従来の方法ではなく、対立や矛盾から超越して新しい解決を創造的に探し出す方法であり、「超越法」とも呼ばれる。

　トランセンド法の創始者ガルトゥングは、コンフリクトについて、

　　　コンフリクト＝A（態度）＋B（行動）＋C（矛盾）

と捉えている。このうち可視的なのは、観察可能な「行動」というレベルである。

　しかし専門家は、目に見える「行動」を見るだけでなく、目に見えない「態度（心理）」や、歴史的・社会的に形成された「矛盾」を見る事が必要である。

　「態度（心理）」を見ることは心理学者が得意な分野であり、社会の「矛盾」を見ることは、たとえば法律家などの得意分野かもしれない。そのような場合、専門家同士の対話が必要であり、協働・協同・共同の姿勢が大切である。

　ガルトゥング（2006訳）の第2章には、コンフリクト当事者に調停者がどう関わるべきかが示されている。図9－1にあるように、当事者Aと当事者Bのゴールが対立する場合の解決点として、5つが示されている。Aか（A点）、Bの（B点）どちらかが勝つ（win-lose）、両者の撤退点（C点）、妥協点（D

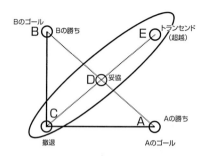

図9-1　コンフリクトの5つの基本的な結果

点）に加え、AとBがどちらも勝つトランセンド（超越点）(win-win)である。

　ガルトゥングは、この超越点を目指したコンフリクト解決に至るには以下の3つの要素が重要であり、

　　コンフリクト転換＝共感＋非暴力＋創造性

と表現している（ガルトゥングはコンフリクト解決という用語を用いず、コンフリクト転換という表現を好んでいる）。ここでコミュニケーションのプロセスにおける非暴力性ということを考えてみると、この公式は次のように言い換えることもできよう。

　　コンフリクト転換＝共感＋対話＋創造性

　もちろん対話の結果として、暴力的な結論が生まれてくる場合もある。この場合にこそ、共感および創造性の役割が重要であろう。

2．「対話」型コミュニケーションの重要性

1）　テレビ番組に見るコンフリクト解決

　コミュニケーションスタイルの違いを考えてみるときに、NHKの2つのテレビ番組の対比で考えてみたい。まず、NHK大阪で土曜日の昼12時15分から放送されている笑福亭仁鶴師匠司会による「バラエティ：生活笑百科」のコ

ミュニケーションである。ここでは、漫才師が相談事を持ち込み、ゲスト回答者がそれへの賛否の意見をおもしろおかしく開陳した後、弁護士が最後に法律的にイエス・ノーの決着をつける解答を出すというものである。ここでは法的解釈に基づいた結論が最後に種明かしされる。ユーモラスな展開がこの番組の「売り」である。すなわち、対立する意見をゲストが提供することによって、視聴者に考えさせ、最終的に一つの結論にもっていく楽しさである。

これに対して、かつてNHKテレビで放映されていた「難問解決：ご近所の底力」のコミュニケーションは対照的である。この番組は、ゴミ問題、ペットの問題、地域の防犯、寂れた商店街、町に住む人同士のコミュニケーションの問題など近隣社会で起こるさまざまな難題に、いったいどう対処すればよいのかを考え、よい方法を発見しようという趣向である。こちらの番組は、共同で共通する問題を解決しようとするドキュメンタリーとスタジオを交えての現実的問題解決番組である。シリアスな内容であり、いわゆる解決可能性を創出していこうという方向性である。この番組では、地域で生じた困った難問に対して、アイデアを出し合い、そのアイデアについてその妥当性（有効性）と信頼性（持続可能性）を検討していくプロセスの楽しさが味わえる番組である。

2）コミュニケーションスタイルの3つの分類

これら2つの番組には対比的なコミュニケーションスタイルが用いられている。

発達心理学者である乾孝（1962）は、コミュニケーションのスタイルとして3つの分類を行った。すなわち、

① 「命令」型コミュニケーション
② 「説得」型コミュニケーション
③ 「対話」型コミュニケーション

である。乾孝によれば、人間は、非言語的なコミュニケーションと言語的なコ

ミュニケーションの両方を用いる。しかし意味的な世界は、やはりコトバを中心にしてはじめてできる表現を中心に伝えあい、理解し合っている。人間同士のコミュニケーションの基本は対話であり、伝えあいであると乾孝は主張するのである。

①「命令」は、パワーの差があることが前提となる。教育・司法・家族・軍隊など、パワーの違いがはっきりしている場面で、命令が成立する。命令は、発達的には「対話」より低いコミュニケーションの方法である。全く一方的で、イヌに対する合図と同様でさえある。もちろん、人間が命令を下すときには、少なくとも相手の反応を予想している。また、命令された側も、命令者の気持ちを推察できる。だから、各人の中では、相手のイメージと対話しているといえなくもない。ただ、この場合、本物の相手と対決できず、たかだか相手がその命令をどのようなやり方で行うか、そのやり方ににじみ出る表出によって多少の反省をするだけである。したがって、強制的な命令者になるほど相手を理解するチャンスに乏しいことになる。命令から外れることを絶対に許さなければ、命令者の命ずる相手に対する認識は、全く発展しないことになってしまうのである。

②「説得」も、結論が先決している点では、命令と同じである、しかし、相手の同意や納得を得ようと努力する点では、命令とは異なる。相手を服従させることに失敗したりするし、相手の服従の実現に金銭や時間がかかったりする。説得は、しかし少なくとも相手が自分の意思で説得者の望む方向に進むように、相手の心を動かそうとするわけであるから、多少なりとも聞き手の気持ちを理解しなければならない。しかし、説得する側は、いつも自分の結論を相手に認めさせようとする。はじめから結論が決まっているのである。その意味では、対話と違って、自分自身を発展させることができない。力を合わせて創造的に解決策を吟味し発見しようとするのでなく、自分が真実だと思っていることを相手に承知させることが目的になってしまう。テレビや新聞などマスコ

ミによる広告宣伝も一方的な「説得」の一種である。ここには双方向のコミュニケーションの不在がある。

3）「対話」型コミュニケーションのメリット

「対話」は、相手の話に耳を傾け、誠実な伝えあいを経れば、相手がもっていた仮説的結論がこちら側に受け入れられた場合でも、それができなかった場合でも、両者ともにお互いに対する理解だけでなく、お互いと2人の当面している課題との関係に対する認識を深め、互いに1人では思いつけなかった第3の創造的解決策を見つけることができるであろう。話し手の主張に聞き手が賛成したときは、話し手の仮説的結論をとおして、他の人や、こととのつながりが確かめられるし、また一致しないということがわかったとしても、差異点を明確化すること自体が大きなメリットといえる。

いわゆるディベートは、あらかじめ定められているお互い対立する結論について、審判員をいかに説得するかを争う説得型コミュニケーションゲームであるということができる。勝者か敗者か引き分けか、いわゆる「勝ち（win）vs 負け（lose）」ゲームである。

これに対して、対話型コミュニケーションは、お互いの目標の実現をめざす。「勝ち（win）vs 勝ち（win）」ゲームである「対話」は、もう一段上の働きだといえる。

それでは、対話型のコミュニケーションの特徴としての、傾聴・共感・創造性の3つのキーワードについて考察してみよう。

3.「対話」型コミュニケーションの3つの特徴：
「傾聴」・「共感」・「創造性」

1）傾聴とカウンセリング技法

　傾聴はしばしばアクティブリスニングと同じ意味で用いられる。「聞く」と「聴く」はどう違うのであろうか？「聞」という漢字のパーツには身体部分としては、「耳」しかない。しかし「聴」には「耳」と「目」そして「心」が含まれている。すなわち、カウンセリングにおける傾聴としては、視線、言語追跡、身体言語、声の質を含んだ「かかわり行動」や「クライエント観察技法」や「開かれた質問と閉じた質問」、「励まし」、「言い換え」、「要約」、「感情の反映」、「意味の反映」などがある。このことは、拙著『あの人と和解する：仲直りの心理学』でも述べたが、以下に簡単に解説をする。

　カウンセリングの技法として具体的で、最もわかりやすいのは『マイクロカウンセリングの理論と実践』（福原他、2004）である。「マイクロカウンセリングの階層表」にある基礎的部分は「基本的かかわり技法」とされている。この部分は、カウンセラーでなくとも人と面接したり、対人関係の場面で知っておけば必ず役に立つ技法である。一番下の3角形の底辺部分は「かかわり行動」と呼ばれる基本的な対人技法である。これは文化的に適合した視線のあて方とか、言語追跡、身体言語、声の質などの重饗性が示されている。文化に応じた目の合わせ方については、きわめて大事な点である。たとえばラテン系の場合、目をきちっと見て話そうとするが、日本人などの場合、目上の人など直視するのは失礼にあたる場合がある。身体言語、たとえばジェスチャーや対人距離なども重要である。対人的な距離感は文化によって、あるいは男性と女性によっても異なり、その心理的な空間すらが、その人を脅かすこともある。対話するときの距離の取り方には文化的違いに気をつけなくてはならない。とくに身体接触については、宗教的に握手も許されないこともあり、文化に応じた

「かかわり行動」は最も基本的なスキルである。

「クライエント観察技法」は、相手の顔色・表情とか全体的様子、そういうものをよく観察するということである。クライエントの服装や持ち物の感じ、身づくろい全体のどこかバランスのちょっとした気になる点などに気をつけて、それが何かを表していないかを感じとる、そういうセンスが大切である。

質問の仕方については、「開かれた質問と閉ざされた質問」の２つがある。「開かれた質問」というのは、How（いかに）とか What（何を）といった質問の仕方である。「閉ざされた質問」というのは、「イエス（はい）・ノー（いいえ）で答えられる問いかけである。そういう質問をつないでいくと、口頭試問のようになってしまう。「元気ですか？」「はい」。「ご飯食べましたか？」「いいえ」。「勉強しましたか？」「はい」。そんな感じになる。それでは全然会話が進展しない。そのときに、「ご飯は何を食べましたか」「ベーコンとハムと何とか」。「はい・いいえ」で答えられないような「開かれた質問」の仕方をしていくということが、対話を続けていくときには大事である。ただし Why（なぜ）というのは、何か追及して詰問するような感じを与えかねないので、Why を使うときは注意が必要である。そして、「閉ざされた質問」と「開かれた質問」を、上手に使い分けることが大事である。

相手との対話をよりよく展開していく為には、「励まし、言い換え、要約」技法が有効である。「励まし」は、「頑張ってね！」と言うのではなく、いわば相手が話しやすいようにすることである。たとえば相手が何か話すときに、「ええ」と頷くが、ただあいづちを打てばいいのかというとそうでもない。「話を続けて、私は聞いているよ。大丈夫、話していいんだよ。もっと話して」という気持ちを相手に伝えることである。「ポンと肩を軽く叩いたり、にこっと笑ったりする」だけでもよい。つらいときに、一緒に酒を飲み交わすだけで心が通じることもあり、何もしゃべらないことが、励ますことになる場合もありえる。すなわち、「励まし」というのは、その人がしゃべりやすいようにして

あげることなのであり、それはカウンセリングとは限らず、あらゆる対人関係に必要な技法といえる。「励まし」の中には、同じことを「繰り返す」ということもある。ある不登校児を抱えた母親が、3年間、子どもさんの言う通りに「繰り返す」ことで、心が通じるようになり、学校に行くようになったという事例もある。それはたとえば、テレビを一緒に見ていて、息子が「つまんないな、このテレビ」と言うと、「つまんないわね、このテレビ」と基本的に同じことを繰り返すことによって、相手がより話せるように工夫していくことである。

「言い換え、要約」というのは、それをもっと励ますために、相手がいろいろ言っていることを、「それは、つまりこういうことですか？」と言い換えたり、要約してあげることである。「言い換え」や「要約」は、その人が話している内容を手短に言い返してあげることで、それがその次につながる。つまり、その人自身が何を話したかったかという、自分自身の気づきにつながるので、きわめて重要な技法である。

「感情の反映」は次に述べる相手の感情を受け止めて、その感情を入り口にして共感的に接することである。また「意味の反映」は、相手の主張や思いに対して共感的に受け答えしていくなかで、互いの人生を意味づけ、価値観を理解しあうということである。いずれも「共感」がカギとなる。カール・ロジャーズ（1957）はカウンセリングの基本的要件の一つとして「共感」をあげている。それでは「共感」とは何であろうか？

2）共感と同情

共感の理解のためには、しばしば同情と対比して論じられることがある。

共感（エンパシー）と同情（シンパシー）を対比的に示すと表9-1のようになる。

この表のように、共感は、自分の感情を保留して、相手の身になって考える

表9-1　共感と同情

共感（Empathy）	同情（Sympathy）
感情を移入する	同じ感情になる
人間は皆違っている	人間は皆似ている
現実は複数ある	現実は一つである
真理は多様である	真理は唯一である
文化相対主義	自文化中心主義
相手を尊重した理解	断定による理解

ことである。極悪非道にみえる犯罪者の弁護に立つ立場の者は、このような共感的理解が重要なのだろう。これに対して、同情はともに笑い・泣くことである。もらい泣き、つられ笑いのように我々人間には、他者の情動が伝染する事がある。これは、動物として群れの中で我が身を外敵から守るための進化論的に獲得された本能的な情動反応であろう。人間の精神的安定は、このような本能的感情反応にも救われている。しかし、相手への同情に基づく対話とは、その真の意味では成立し得ない。なぜならば、同情の情動が生じた時点ですでに相手の感情に情動的に説得されているからである。相手との思考の意見の違いや立場の違いを保留しながら、紛争当事者の言葉に耳を傾け、感情におぼれることなく、感情移入すなわち共感する必要がある。相手の論理や感情を共感的に理解することと、それを正当化することは、全く別のことである。

3）創造性とコンフリクト解決（転換）

コンフリクト解決（転換）のためには、共感と対話に加え、創造性を発揮することが必要である。現状を分析し、今後を予測するだけでなく、よりよき解決策を想像力たくましく創造することが、コンフリクトの解決の分野で求められている。

創造的問題解決のための2つの思考法がある。一つは、同じ既知の情報から

新たな情報をつくり出す操作としての、論理的に唯一の適切な解答や解決を集中して求める「収束的思考」と、もう一つは問題解決の場面でさまざまな解決の可能性を必ずしも論理的にではなく広げて探る思考法である「拡散的思考」である。

　収束的思考は何らかの単一の結論を導く思考である。拡散的思考は、さまざまな可能性を考えていこうという思考方法である。たとえば、裁判での裁判官の判断は最終的には収束的思考によるものである。すなわち刑事事件の有罪無罪など、ある絶対的唯一の結論を下さなければならない。しかし調停場面では、双方の納得が必要であるので、さまざまな選択肢（オルターナテイブ）を提供することが必要であろう。その場合は、拡散的思考による選択肢の提供と、それを強制せず、相手に伝えていく対話的コミュニケーションが求められるのである。単一の結論に行き着く前に、拡散的な思考とコミュニケーションを行うことがコンフリクトの創造的解決にとって重要であるといえる。対話では、拡散的思考によるコミュニケーションがカギとなる場合が多い。

4．ブレーンストーミング

　拡散的思考法をグループで用いることにより、アイデアを出す方法として、「ブレーンストーミング」という手法が有名である。

　これは次の4つのルールにしたがって意見を自由に発言するものである。

①　他人の発言を批判しない。
②　自由奔放な発言を歓迎する。非現実的でもよい。
③　質より量を求め、たくさん出す。
④　他人のアイデアに付加・便乗する。

　逆にブレーンストーミングにおいて使ってはいけない禁句とは、「実現しない」、「空想的だ」、「くだらない」、「わかりきっている」、「コストがかかる」、「意味がない」、「以前やって失敗した」などと否定的な内容の発言をすること

である。

　ブレーンストーミングは、一部の企業活動を除き、まだあまり日本では定着していない手法である。アカデミックな世界でも、この手法になじみがなく、実際にやったこともない教員も少なくない。拡散的に発想を出し合って、多数の選択肢の中から最善の解決方法・解答を収束させるという訓練は、今後もっと、教育・司法・福祉の分野で行われていってよいだろう。

5．和解に向けて

　トランセンド法の考えを基に、よりよきコンフリクト解決のためには、共感と対話型コミュニケーションと創造性の3つがカギになることを述べた。それは、たとえ対立する両者の妥協点を見つけても、双方に我慢を強いた形で折り合いをつけたものであり、本当の意味の「和解」ではないのではないかという疑問に端を発している。すなわち、対立する両者の間で、妥協点を調整するのではなく、両者が不満や不信感を残さない、全く新しいコンフリクト解決の手法がトランセンド法であり、もめごとを起こした両者が話し合うことによって納得しあう和解法である。トランセンド法では、第三者が両者の考え、言い分を十分に聴き、対話することによって、対立する二者の目標・ゴールを乗り越えたところに新たな解決地点を見いだそうというものである。

　ガルトゥングは和解のためのプロセスとして不可欠な要素を3つあげている。その3つの要素とは、①癒し、②水に流すこと（過去の清算）、③締めくくること（新しい関係の再生）である。ガルトゥングはこの3つのプロセスを「和解への12の手法」として以下に紹介している。詳しくは「あの人と和解する：仲直りの心理学」（井上、2005）を参照されたい。

　① 言い訳・弁解（当事者以外の要因）
　② 賠償・補償
　③ 謝罪・許し

④　ざんげ（改悛・宗教的アプローチ）

⑤　審判・処罰（司法的アプローチ）

⑥　因果応報（カルマ、業アプローチ）

⑦　真実和解委員会（歴史的アプローチ・内部要因）

⑧　心理劇・追体験（再現・演劇的アプローチ）

⑨　共同いやし

⑩　共同復興

⑪　共同紛争解決

⑫　ホーポノポノ（和解の儀式）

【付記】　本章は、「心理学からみた「法と対話」―紛争解決の心理と対話」法律時報、78、54-59頁、2006を基に発展させたものである。

第10章 【コンフリクト転換】
　　　　（トランセンド法）のワーク

ワーク１：コンフリクトの５つの決着点

　コンフリクト解決には５つの基本的な決着点があることを具体的な場面を通して学ぶワークである。

★１つのブランコをめぐる２人の子どもの事例

　ある小さな公園にブランコが一つだけあります。二人の子どもがやってきました。どのようなことがおきるでしょう？どのようなストーリーが考えられるか、できるだけたくさん挙げてみましょう。

　　　　　　　　杉田明宏（『花田学園心理学教材』2016年より引用）

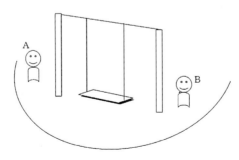

図10－１　１つのブランコをめぐる２人の子どもの事例

★考えられるストーリー

  ＊

  ＊

  ＊

  ＊

  ＊

【ワーク１の解説】

★コンフリクトには理論的には以下の５つの決着点があります。

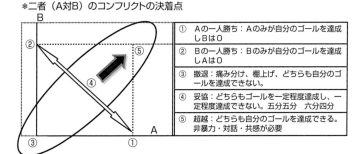

図10－２　二者（A対B）のコンフリクトの決着点

★例題１の解答例としては以下のようなことが考えられます。

①Aの一人勝ち

＊Aが１人で使用（独占）、Bはメリット・ゼロで強い不満が残る。
　例　力づくで押しのける、じゃんけん等で一方に決定、第三者が裁定する。

②Bの一人勝ち

＊Bが１人で使用（独占）、Aはメリット・ゼロで強い不満が残る。
　例：力づくで押しのける、じゃんけん等で一方に決定、第三者が裁定する。

③撤退：A、Bともにメリット・ゼロ　両者に強い不満が残る＋痛み分け
＊A、Bともにブランコが使用できない。
　例：ブランコが壊れる（壊す）、悪天候になる、帰る時間になる、
　　　けんかで対立して終わる、興味を失い、ともにブランコ以外の遊びに移
　　　る、帰る、第三者にとられる。

④妥協：A、Bとも、半分我慢　　両者に不満が残る。
＊A、Bがともに半分（少し）ずつブランコを使用する。
　例：一定のルールで交互に使用　（じゃんけん、年齢）
　　　　２人乗り（不本意）、交換条件（金品等）で一方を他の遊びへ誘導する。

⑤超越（トランセンド）：新しい要素を持ち込み、創造的に発展させる。
＊A、Bともにメリット。
　例：２人乗りや交互に押し役になって楽しむ、こぎ方（ジャンプ）競争に発
　　　展する。
　　　　２人で別の遊びに移る。中・長期的には、みんなで公園管理者に交渉
　　　し、遊具（ブランコ台数、遊具バリエーション）や公園（面積や数量）を
　　　増やす。

＊いずれも、当事者（子ども）たちで自主的に決着させる場合、第三者（親、
　大人、年長児）の介入（提案・指示）で決着させる場合の両方がある。

ワーク２：さまざまなコンフリクト転換

　コンフリクトには、ミクロ・レベルからマクロ・レベルまでのさまざまなレ
ベルの問題がある。次の例題は夫婦間というミクロ・レベルのコンフリクトの

事例だが、このような身近な問題の解決に当たってもコンフリクト転換（トランセンド法）の考え方を適用できる。

例題（1）夫婦間のコンフリクトの事例

　ここに中年の夫婦がいる。夫と妻、それぞれの立場で、あなただったらどう対処するかを思い浮かべながら、この夫婦が直面したコンフリクトを考えてみてほしい。

　夫は中堅の企業に勤める働き盛りの40代。妻も40代で、子育ても一段落したこともあり、数年前から自分で何かを始めたいと思っていた。そこで昔から得意だった料理の腕を生かせないものかと考え、専門学校に通い、資格取得。そして、まず手始めに近所の主婦を集め、自宅のキッチンを利用して料理教室を開こうと思い立つ。近所の主婦仲間に相談すると、「それならぜひ参加したい」と反応も上々だったので、妻の希望は大きく膨らんでいく。

　ある日、妻は夫の機嫌のいいときを見はからって、料理教室の計画を夫に打ち明けた。週末の日曜日だけ、自宅のリビングダイニングを料理教室に使わせてくれないかと…。

　ふだんは物わかりのいい夫なのだが、妻のこの提案に渋い顔をする。自分は家族のために毎日一所懸命働いている。せめて日曜日だけはテレビでも見ながらゆっくりと身体を休めたい。リビングに人が集まるとなると、ゆっくりするどころか自分の居場所もなくなってしまう。それだけは勘弁してくれと、夫は妻の提案を拒否する。

　しかし、妻のほうも簡単には引き下がらない。せっかく頑張って資格を取り、好きな料理を教えるという段取りができたのに、夫の反対で自分の夢をあきらめなければならないのは理不尽だと訴える。

第10章 【コンフリクト転換】(トランセンド法) のワーク　145

夫婦の日曜日に生じたコンフリクト。あなたならどう解決するだろうか？
　　　　　　　　井上孝代(『あの人と和解する』2005年より引用)

以下の問いに答える形で図９−１「コンフリクトの５つの基本的な結果」を参考に問題を整理し、解決策を考えてみよう。
　(1)　当事者は誰か
　(2)　各々のゴール（目標・要求）は何か？
A　[　　　　　　　　　　　　　]
　　Aのゴール[　　　　　　　　　　　　　　　　　　　]
B　[　　　　　　　　　　　　　]
　　Bのゴール[　　　　　　　　　　　　　　　　　　　]

◎決着点として、具体的にどのようなことが考えられますか？

１　Aの一人勝ち

２　Bの一人勝ち

３　撤退

4　妥協

5　超越（トランセンド）

◎あなたはどのような解決策がよいと考えますか？

例題（1）の解説
　この夫婦がなぜ対立しているかといえば、2人がそれぞれ違った目標・ゴールをもっているからである。夫は、日曜日はゆっくり家で休みたい。妻は子育てが一段落した今、料理教室を開いて活動的に過ごしたい。自宅で両者の望みが叶うのはリビングだけで、どちらも譲れない。そのために衝突が起きているのである。
　どちらかの力関係で夫と妻の一方が我慢するという場合もあるだろうし、互いに反目しあい両者とも諦める場合もあるかもしれない。話し合いで両者が歩み寄り、互いの目標に近い形に妥協する案が出てくるかもしれない。たとえば、妻の料理教室は午前中、午後は夫のリラックスタイムにするという時間帯で分けるやり方、あるいは料理教室を隔週にするなどといった折衷案である。しかし、これらの4つの解決パターンでは、どちらも不満が残る方法である。
　トランセンド法では、お互いができるだけ不満を残さない解決を導き出そうとする。
　まずは相手の言い分や思いをじっくり共感的に聞くことから始まる。妻の料理教室を開きたいというゴールの裏にどのような心情が隠されているのか、そのこころの声に夫が耳を傾けることで妻の態度は大きく変わってくるであろ

う。夫の休日の過ごし方も然り、ゴロゴロしているだけに見えて、実は会社でのストレスやリストラの不安を抱え懊悩しているかもしれないのである。対話をすることで互いの深い気持ちに触れ合ってみれば、「日曜日にリビングをどちらが独占するか」というコンフリクトは、「そんなに大した問題ではなかった」と思えてくるだろう。すなわち、性急に結論を出そうとせずに、なぜ、それがしたいのかを時間をかけてゆっくりと互いの言い分を聞き合うことが大切である。そうすることで自分の思いも整理でき、自分でさえ気づかなかった感情にも気づくことにもなるかもしれない。そのプロセスを経て、従来の考え方を切り換え、互いに強制するのではなく、互いの気持ちを尊重したどちらも満足できるような解決の形にコンフリクトを転換できるであろう。

たとえば、夫が妻の料理教室に入る、二人で新しく共通の趣味を見つけるなど、中年期の夫婦の生き方のテーマへも発展するかもしれないのである。

例題（2）：職場におけるコンフリクトの事例

組織―個人間のコンフリクト

25歳男性。レストランチェーン会社に勤務。入社3年目。将来、飲食店を経営したいので、その勉強になるのではと入社した。しかし、実際は入社以来、人事総務担当で、自分の将来の夢に活かせると思えない。異動を希望しているが、ずっと叶えられないので、店舗を任せてもらえる他の会社に転職しようと思っている。職場の先輩や上司との人間関係に大きな不満はないと言いながら、内心は尊敬できないと思っており、本音で話ができない。

熊倉・海老原（「会社を辞めたい個人と
会社のコンフリクト事例」2005年より引用）

---

(1) 当事者は誰か　　(2) 各々のゴール（目標・要求）は何か？

A ［　　　　　　　　　　　　　　　］

　　Aのゴール［　　　　　　　　　　　　　　　　　　　　　　　　　　　　］

B ［　　　　　　　　　　　　　　　］

　　Bのゴール［　　　　　　　　　　　　　　　　　　　　　　　　　　　　］

◎決着点として、具体的にどのようなことが考えらますか？

1　Aの一人勝ち

2　Bの一人勝ち

3　撤退

4　妥協

5　超越（トランセンド）

◎あなたはどのような解決策がよいと考えますか？

例題（2）の解説

　熊倉・海老原（2005）は組織マネジメントの視点から職場をめぐるコンフリクト転換の事例を述べている。職場におけるコンフリクトには、①個人内コンフリクト、個人 vs 個人、個人 vs 組織、組織 vs 組織の4つがある。

表10－1　職場におけるコンフリクト（熊倉・海老原、2005）

	コンフリクト	例
①	個人内	葛藤、ワーク、ファミリーコンフリクト
②	個人 vs 個人	上司と部下、同僚間の対立
③	個人 vs 組織	本人の意に沿わない配置転換、差別的な職場風土
④	組織 vs 組織	企業間競争、部署間の対立

　このケースの場合、A（会社）＝ウィン、B（自分）＝ルーズという考えが転職への迷いをもたらしていると考えられる。ケースの思いをじっくり聞いてもらうことで、本人のなかで現在の職場および仕事の意味が変化していくことが考えられる。たとえば、自分の思い込みで先輩や上司の仕事ぶりを見ていたことへの気づきが得られるかもしれない。あるいは、自ら職場に対する働きかけを十分してこなかったこと、まだ職場でやるべきことがあることへの気づきなども得られるかもしれない。すなわちコンフリクトの捉え直しがなされることで、異動を決して組織から一方的になされるだけの受身的なものとして捉えるのではなく、自らの経験・スキルとも重ね合わせ客観視できたり、より建設的な方向に考えることができるようになることが期待される。

例題（3）：会社合併などのコンフリクト事例

　互いに同じ業界での飛躍を目ざし、A社とB社の2つの会社が合併することとなったが、合併後の社名・社屋・役員など多くの点で対立している。どのよ

うな解決法があるだろうか？

　以下の問いに答える形で図9−1「コンフリクトの5つの基本的な結果」を参考に問題を整理し、解決策を考えてみよう。

　(1)　当事者は誰か　　　　　　(2)　各々のゴール（目標・要求）は何か？
A社 [　　　　　　　　　　　]
　A社のゴール [　　　　　　　　　　　　　]
B社 [　　　　　　　　　　　]
　B社のゴール [　　　　　　　　　　　　　]

◎決着点として、具体的にどのようなことが考えられますか？

1　A社の一人勝ち

2　B社の一人勝ち

3　撤退

4　妥協

5　超越（トランセンド）

◎あなたはどのような解決策がよいと考えますか？

例題（3）の解説

　最近ではコンビニや一般企業、銀行などの合併、あるいは市町村にもしばしば合併が見られる。こういう場合、合併本体のみならず多くのステークホルダーズが関与し、それだけに周囲への影響も大きく、考慮すべき点も多々あるだろう。

　これまでの銀行合併の事例では、社名をA銀行とB銀行のどちらを前にして銀行名を重ねるかという対立に対して、たとえば"AB"銀行とし、英語表記を"BA"Bankとするといった工夫をしたことが知られている。あるいは、ABのどちらの銀行名も用いず、両銀行の特徴を表す花などの名前の銀行名とするなどのアイデアもあった。社名は最も重要なコンフリクトを生みやすいが、日本語表記には漢字、かな、カタカナ、アルファベット等のバリエーションがあり、関係者のブレーンストーミングによって創意・工夫が期待されよう。

　当然ながら合併については、社屋、役員といった重要案件が伴うので、それぞれの条件が全体的なバランスのなかで、互いのゴールを吟味しながら、共感的な対話により解決策を求めていくプロセスが大切であろう。

第11章　ホーポノポノ
―「和解」の総括ともいえる12番目の方法―

1．ハワイにおけるホーポノポノとは

　ホーポノポノとは、ポリネシア語で「ものごとを正しく戻す」という意味をもつ言葉である。ハワイの文化では大家族制度のもと、家族・共同体・環境との調和を図り、さまざまな問題・コンフリクトを解決する方法としてホーポノポノが何世紀もの間、長く用いられてきた（E.B. シューク、2002,：山下訳、2008）。加害者、被害者、加害者と被害者の両方の立場の者、どちらでもない者など全ての者が議長役を務める「長老」のもとに集まり、話し合っていくもので、トランセンド理論では、和解への手引きを意味する呼び方として援用されている。

1）トランセンド理論における和解の手法としてのホーポノポノ
　トランセンド理論においては和解の手法には12項目あり、それらが複数組み合わさることによって可能であるとされる。ホーポノポノは、それらの手法が理想的に組み合わされた総括的な手法で、最後の12番めに位置づけられている。
　対立している当事者も、それを取り巻く人々も参加して起こってしまったことの事実を時間をかけて検証し、謝罪すべきところはこころから謝罪する（加害者、被害者の癒し）。そして、すべての反省が済んだところで過去のことは水に流し（過去の清算）、二度と同じ過ちを犯さないために何ができるか、みんなでアイデアを出し合いましょう（未来の建設、新しい関係の再生）という

和解法である。ホーポノポノには、
① 癒し
② 過去の清算
③ 未来の建設

という和解に必要な3つのプロセスがすべて入っているのである。

2．ホーポノポノの5つの手続

　ハワイにおけるホーポノポノの具体的実践では共同体の家族の年長者や共同体の長老的な立場の人が執り行う場合がほとんどだが、問題解決に至るには長い話し合いを必要とする。その過程は、祈り、問題の明確化、話し合い、告白、謝罪、赦し、償い、開放、約束、共有、神の祝福といったさまざまなプロセスが含まれる。

　ガルトゥングによるホーポノポノの応用実践の例としては、『ホーポノポノ「アジア・太平洋の平和」』という朗読劇ともいえる著作がある。関係諸国からの参加者がそれぞれの立場でセリフを読むことで、当時何が起こったのかを共通理解し、今後のあり方を模索するものである。その手続は、以下の5つの局面に沿って進められている。

① それぞれの立場から見て、何が起こったのか、事実を照合する。
② それがなぜ起こったのかを探求する（「主体のある行為」を注視する）。
③ 責任を分かち合う（「主体なき行為」も謝罪する）。
④ ②と③をもとに将来を見据えた建設的なプログラムを立案する。
⑤ コンフリクト（紛争）が終結したことを宣言し、その象徴として記録を燃やす。

第12章　ホーポノポノのワーク

「いじめ防止」のための学校現場に生かすピアメディエーション体験講座〜アニメーション「みんなが Happy になる方法」を基に〜

　池島（2010）たちのグループは、小学校4年生頃からピアメディエーションが可能であるとし、紛争解決教育を行っている。池島・竹内（2011）では、現場教師が出演した DVD の付録付きで、ピアメディエーションを紹介している。このような、身近な出演者が登場する実写のストーリーを教育的に活用することも有効な方法の一つであろうが、アニメという子どもにも親しみやすい映像教材を使用することも有効であると考える。

　アニメ映像教材を用い、学校現場に活かせるピアメディエーション体験講座の実践例としては、ガルトゥングの平和学（Galtung, 1996, 2000；ガルトゥング・藤田、2003；いとう、2012）に基づいて作成されたアニメーション（「みんなが Happy になる方法」）を利用して、大学新入生の入学ガイダンスにおける入門講座として行ったワークショップ形式の平和教育の実践報告（杉田・伊藤・井上、2012）が参考になるであろう。これは、大学新入生の入学ガイダンスにおける入門講座として行ったワークショップ形式の平和教育として、大学新入生講座『アニメで学ぶ対立の解決』と題するワークショップ（具体的には、「平和教育アニメーション」の視聴）を実施し、コンフリクト対処スタイルがどのように変容するかを測定した実践研究である。

第12章　ホーポノポノのワーク　155

図12−1　「みんながHappyになる方法」のアニメーションDVD

　研究で用いられた視聴教材アニメーション（「みんながHappyになる方法：関係をよくする3つの理論」（平和教育アニメーションプロジェクト、2012）は、3つのストーリーからなるアニメーションDVDである。

　1つめのストーリー「ジョニー＆パーシー」（約7分）は、ペンギンとアザラシが食料魚を取り合うなかで、自分の気持ちを相手にきちんと伝え、お互いの気持ちを理解しあうために求められる、対立をエスカレートさせないコミュニケーションの方法である「Ｉ（私）メッセージ」の大切さを示すものである。

図12−2　「ペンギンとアザラシ」のアニメーションDVD

　2つめのストーリー「鬼退治したくない桃太郎」（約10分）では、集団の話し合いで対立を解決する方法であるハワイ伝統の「ホーポノポノ」の手法にのっとり、桃太郎・鬼・村人が全て集まって話し合いを進めるなかで対立から

和解に至るプロセスがわかりやすく示されている。これは、15cm前後の人形と背景セットを作り、人形を少しずつ動かすストップモーションアニメである。

図12-3 「鬼退治したくない桃太郎」のアニメーションDVD

3つめの「Happyになる5つの方法」（約7分）では、コンフリクトの解決方法は1つではなく、複数あることと建設的な解決方法「トランセンド法」があることをホームルームの話し合いという設定のなかで伝えている。

図12-4 「Happyになる5つの方法」のアニメーションDVD

上記の『アニメで学ぶ対立の解決』は、大学新入生を対象に行った研究実践としてのもので、効果を明らかにするための事前事後アンケートも含め50分で実施されたものである。事前事後アンケートを省けば、より簡便なものとなり、時間的にも学年に応じたゆとりをもたせたり、表現もより平易にすれば、学校場面でのピアメディエーション体験講座に十分活用できると考えられる。特に、「桃太郎の鬼退治」という子どもにも馴染みがあり、いじめ防止のためのホ・オポノポノの手法を子どもが理解できやすいという点で活用が期待できるだろう。以下に実施手順の基本例を示したい。時間的には、小学生などへの応

用では、2時間ほどの時間をかければよいだろう。

表12-1　ピアメディエーション体験講座『アニメで学ぶ対立の解決』の実施手順例

	時間配分	活動	使用教材・機材
開始前準備		・機材セッティングテスト ・配布物用意 ・要員との打ち合わせ ・レジュメ＋アンケートA配布	
説明	5分	① 担当者自己紹介＋講座趣旨説明 ② 教材・流れ説明	・レジュメ
アンケートA記入	5分	① インストラクション ② 各自記入	・アンケートA
DVD視聴	1分46秒 5分 4分49秒	① 前半視聴 ・5つの方法の前までで停止 ② 「自分だったら学級委員としてどう解決にもっていくか」を考えシートに記入 ③ 後半視聴 ・5つの方法以降の視聴	・DVD「Chapter3 Happyになる5つの方法」 ・レジュメ記入シート ・DVD「Chapter3 Happyになる5つの方法」
振り返り	 5分 10分	アンケートB・Chapter3解説文配布 ① 視聴感想を各自シートに記入 ② 4～5人に感想を求め短くコメント	・レジュメ記入シート
アンケートB記入	8分	各自記入	・アンケートB
まとめ	5分	補足説明 ・アニメの理論的背景にガルトゥング理論、紛争解決の5つの決着点があること ・本の全体構成「Chapter 1 私メッセージ」、「Chapter 2 和解の仕方」があること ・今回の個人間・集団間の対立の話は、国家・民族・宗教間の対立と構造が共通であること	・Chapter 3解説文

（杉田・いとう・井上、2012を基に作成）

＜体験講座の流れ＞

⑴　まず始めにレジュメに沿って趣旨・教材・流れを簡単に説明する。次に事前質問紙「アンケートA」（参考資料（1））についてインストラクションを読み、5分程度で各自に記入させる。

⑵　全員の記入を確認の後、DVD「Chapter3 Happyになる5つの方法」の前半部分、すなわちクラスの話し合いが紛糾する場面までを視聴し、一旦停止する。

⑶　そこで「自分だったら、学級委員としてどのように解決に持って行くだろうか」と問いかけ、個人用視聴シート（参考資料2）を参考にしながら、周囲の人と話し合って解決法・アイデアを出し合わせ、それをレジュメの討論メモ欄（参考資料（3））に各自記入させる。

⑷　その上で、DVDの後半部分、すなわち紛争転換の5つのタイプ（図9－1参照）の意見が出されて話し合いがまとめられていく場面を視聴する。

⑸　視聴後、事後質問紙「アンケートB」（参考資料（4））およびテキストのChapter3の解説部分「トランセンドとは」（いとう、2012）のコピーを配布する。

⑹　DVDの振り返り作業として、発見・気づき・疑問などをレジュメの視聴メモ欄に記入させ、4～5人の受講者にその内容を紹介してもらい、それぞれについてファシリテーターが短くコメントして意義づけする。

⑺　その後にアンケートBに記入させる。

⑻　最後のまとめとして、5分程度で、解説コピーを参照しながら、アニメの理論的背景にヨハン・ガルトゥングの紛争・平和理論があること、学校・家庭での個人間・集団間の対立から国家・民族・宗教間の対立のレベルまで共通の構造で考えられること、教育現場でのコンフリクト解決が重要となっていることなどについて簡単な補足を行い、講座をまとめ、終了する。

参考資料（1）

＜事前質問紙＞　アンケートＡ

1．あなたは、ふだん、学校や家庭などで起きたもめごとに対して、以下の行動をどの程度とっていると思いますか。すべての項目について、1～5のどれかに○をつけてください。

		かなり使う	よく使う	どちらとも言えない	あまり使わない	全く使わない
1	自分から行動したり発言したりする	5	4	3	2	1
2	相手の意見を受け入れる	5	4	3	2	1
3	相手が理解するまでとことん説明する	5	4	3	2	1
4	互いによく認め合うようにする	5	4	3	2	1
5	うまく相手を納得させる意見を言う	5	4	3	2	1
6	自分が思ったことばかり口に出さない	5	4	3	2	1
7	自分から仕切る	5	4	3	2	1
8	相手の意見をじっくり聞く	5	4	3	2	1
9	自分の考え方を一生懸命説明する	5	4	3	2	1
10	相手の考えを尊重する	5	4	3	2	1
11	人任せにしない	5	4	3	2	1
12	感情を抑える	5	4	3	2	1
13	自分の意見を受け入れさせる	5	4	3	2	1
14	頑固になり過ぎない	5	4	3	2	1

2．あなた自身について教えてください。

(1) あなたの誕生日　[　　　]月[　　　]日

(2) あなたの好きな色を書いてください。（いくつでも）

(3) あなたの性別について、どちらかの数字に○をつけてください。

　　1．男　　2．女

(4) あなたの学年（　　　）、年齢（　　　）歳

ご協力ありがとうございました。

参考資料（2）

<視聴シート>

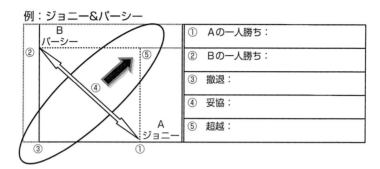

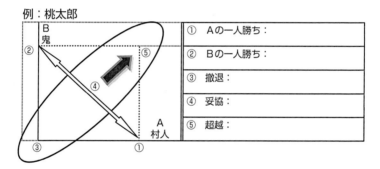

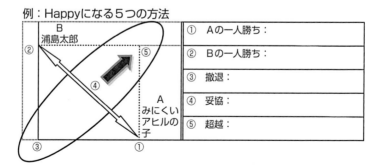

参考資料（3）

<① 討論メモ＞と＜②視聴メモ＞

記入シート

(3)用：グループで出された解決法・アイデア

(6)用：事後の振り返り（発見　気づき　疑問）

参考資料（4）

＜事後質問紙＞　アンケートB

1．このアニメーションを見て感じたこと・考えたことを自由に書いてください。

2．あなたは、今後、学校や家庭などで起きたもめごとや対立に対して、以下の行動をどの程度とるだろうと思いますか。すべての項目について、1～5のどれかに○をつけてください。

		かなり使う	よく使う	どちらとも言えない	あまり使わない	全く使わない
1	自分から行動したり発言したりする	5	4	3	2	1
2	相手の意見を受け入れる	5	4	3	2	1
3	相手が理解するまでとことん説明する	5	4	3	2	1
4	互いによく認め合うようにする	5	4	3	2	1
5	うまく相手を納得させる意見を言う	5	4	3	2	1
6	自分が思ったことばかり口に出さない	5	4	3	2	1
7	自分から仕切る	5	4	3	2	1
8	相手の意見をじっくり聞く	5	4	3	2	1
9	自分の考え方を一生懸命説明する	5	4	3	2	1
10	相手の考えを尊重する	5	4	3	2	1
11	人任せにしない	5	4	3	2	1
12	感情を抑える	5	4	3	2	1
13	自分の意見を受け入れさせる	5	4	3	2	1
14	頑固になり過ぎない	5	4	3	2	1

3．あなた自身について教えてください。

(1) あなたの誕生日　[　　　]月[　　　]日

(2) あなたの好きな色を書いてください。（いくつでも）

(3) あなたの性別について、どちらかの数字に○をつけてください。

1．男　　2．女
⑷　あなたの学年（　　）、年齢（　　　）歳
ご協力ありがとうございました。

＜参考文献＞

福原眞知子、アレン・E・アイビイ、メアリ・B・アイビイ（2004）『マイクロカウンセリングの理論と実践』風間書房。

藤田明史（2012）「【アニメ評】アニメ『みんながHappyになる方法―関係をよくする３つの理論』をめぐる対話」『トランセンド研究』、10巻１号、36-37頁。

池島徳大（2010）「ピア・メディエーションに関する基礎研究」『奈良教育大学教育実践総合センター研究紀要』19号、37-45頁。

池島徳大・倉持祐二・橋本宗和・吉村ふくよ・松岡敬興（2005）「人間関係形成能力を高める対立解消プログラムの学級への導入とその展開」『奈良教育大学教育実践総合センター研究紀要』14号、133-139頁。

池島徳大・倉持祐二・橋本宗和・吉村ふくよ（2006）「子ども同士のもめごと・対立問題への介入方略に関する学校教育臨床事例研究」『奈良教育大学教育実践総合センター研究紀要』15号、181-188頁。

池島徳大・竹内和雄（2011）『DVD付き ピア・サポートによるトラブル・けんか解決法！：指導用ビデオと指導案ですぐできるピア・メディエーションとクラスづくり』ほんの森出版。

いとうたけひこ（2012）「トランセンドとは：アニメーション『Happyになる５つの方法』」平和教育アニメーションプロジェクト（編）『みんながHappyになる方法』平和文化、27-32頁。

いとうたけひこ・水野修次郎・井上孝代（2010）「紛争解決法としてのピア・メディエーション―関西M高校での取り組み」『トランセンド研究』８巻

2号、70-75頁。

いとうたけひこ・杉田明宏・井上孝代（2010）「コンフリクト転換を重視した平和教育とその評価：ガルトゥング平和理論を主軸にした教員免許更新講習」『トランセンド研究』18巻1号、10-29頁。

平和教育アニメーションプロジェクト（2012）『みんなが Happy になる方法──関係をよくする3つの理論』平和文化3つのアニメの DVD 付。

Galtung, J. (1996) *Peace by peaceful means: Peace and conflict, development and civilization,* Thousand Oaks, CA: Sage.

乾孝（1962）「保育における『伝えあい』の理論」（伝えあい保育・乾孝論集1972、新読書社　所収）。

井上孝代（2003）『共感性を育てるカウンセリング』　川島書店。

井上孝代（2005）『あの人と和解する』　集英社新書。

井上孝代・いとうたけひこ・飯田敏晴（2011）「高等学校のステークホルダーの葛藤対処方略スタイルと適応──教職員のバーンアウト傾向及び学校特性の認知との関連──」『心理学紀要（明治学院大学）』、21巻、1-12頁。（井上孝代（2012）『コンフリクト解決のカウンセリング：マクロカウンセリングの立場から』風間書房、179-197頁．に再録）。

熊倉朋子・海老原由紀（2005）「職場の人間関係」井上孝代編著『コンフリクト転換のカウンセリング：対人的問題解決の基礎』第5章　pp.127-143。

杉田明宏（2016）「花田学園心理学教材」（未公刊）

杉田明宏（2017）『コンフリクト転換の平和心理学：沖縄と大学教育をフィールドとして』風間書房。

杉田明宏・いとうたけひこ・井上孝代（2012）「アニメ『みんなが Happy になる方法』を用いた紛争解決教育：大学入門講座『アニメで学ぶ対立の解決』におけるコンフリクト対処スタイルの変化」『トランセンド研究』10巻1号、24-33頁。

山本このみ（2012）「法教育の基盤となる対立への考え方を学習するための体験プログラムの開発：日本メディエーションセンター、JMCピア・メディエーション研究会」平和のための心理学者懇談会・心理科学研究会平和心理学部会2012年度第5回合同研究会発表資料、2012年9月6日。（未公刊）

ヨハン・ガルトゥング（伊藤武彦編集・奥本京子訳、2000）『平和的手段による紛争の転換：超越法』平和文化。

ヨハン・ガルトゥング（京都YWCAほーぽのぽの会訳、2003）『平和を創る発想術：紛争から和解へ』岩波書店。

ヨハン・ガルトゥング・藤田明史（編）（2003）『ガルトゥング平和学入門』法律文化社。

ヨハン・ガルトゥング（木戸衛一・藤田明史・小林公司訳、2006）『ガルトゥングの平和理論―グローバル化と平和創造』法律文化社。

【コラム】

「トランセンド法」から得た地域医療再生のヒント
「志を救われた泣き虫小児科医の一例」　和久祥三
(兵庫県神戸市わくこどもクリニック院長・元兵庫県立柏原病院小児科医師)

　今まで当たり前に提供されてきた地域の医療が消滅するいわゆる「医療崩壊」は、日本全国にその問題を投げかけています。その要因には医療費亡国論に基づく政府の医師数抑制政策（OECD加盟国の中でも日本の医師数が少ないことは有名）や平成16年度から施行された新臨床研修医制度による医局の人材派遣システムの崩壊、マスメディアによる医療バッシングなどさまざまありますが、勤務医の過酷な労働から起こる問題もその一つといえます。地方にも無計画に近い状態でこれまで多くの病院がつくられてきたため、それぞれの施設に医師が分散されました。各病院の24時間体制を分散された少人数医師たちで守らなければならない状況に陥っていました。

　地域医療を守り育てるためには、医療者と住民、そして行政とのパートナーシップが大切です。しかし、上記の要因でパートナー同士の対立が起こり、地域医療崩壊に拍車がかかったのです。医療者と行政、住民と行政の対立では、直接的に命を失うことはありません。直接的に被害を受けるのは医師と患者の対立です。患者は命を失う可能性があるのです。医師不足のため充分な医療が提供できなくなり患者の不満が高まる一方、医師は、医療に対する患者の高すぎる期待と理不尽な要求に応えられない……。本来は敵同士でない医師と患者のこうした構図が、全国の病院に広がっていったのです。

●「県立柏原病院の小児科を守る会」が救った当院の小児科
　私が務めていた兵庫県立柏原（かいばら）病院の小児科も、以前は同じよう

な状況下にありました。

　2007年、このような危機的な事態を救ってくれたのが、「県立柏原病院の小児科を守る会（以下、守る会）」の活動でした。守る会は、丹波地域の医療に危機感を持ち、当時、当院でも取材を続けていた丹波新聞社の記者足立智和氏の働きをきっかけに、地域のお母さん方によって結成された市民団体です。丹波地域の小児科医療の事情や医師の過酷な現状を足立記者の話で知ったお母さん方は、「コンビニ受診（緊急性の無い軽症の患者が通常外来をしていない休日や夜間の病院で安易に受診すること）を控えよう」、「かかりつけ医をもとう」、「お医者さんへ感謝の気持ちを伝えよう」をスローガンに、ビラや小児救急について詳しく書かれた小冊子の作成や、講演活動を通じて啓蒙活動を進めていきました。丹波地域の小児科医療の深刻な事情や医師が過酷な勤務に苦しんでいること、また、自分たちの安易な判断によるコンビニ受診が、医師を苦しめる一因になっていること、そして、医師と患者はパートナーなのだということも広く伝えていったのです。守る会の活動に感動した私は、柏原病院に留まることを決意しました。

●コンビニ受診が減少し、重症者の対応に専念

　守る会の活動は、実際の医療現場に大きな成果をもたらしました。これまでの時間外小児救急外来での入院率は一般的に、5〜10％程度と言われています。つまり、時間外に100人の患者が来た場合、5〜10人程度は適正受診だったが、それ以外は入院が不要な軽症の患者だったとみることができます。ところが、守る会の活動以降の当院では、時間外受診者は1/2〜1/4に減少し、その入院率は20〜30％になりました。地域住民に「コンビニ受診を控えよう」という理解が広まっていることが実感できます。守る会の活動のお陰で、地域の皆さんが協力してくれるからこそ、重症者の対応に集中することができるようになりました。処置の最中、守る会の皆さんの顔が浮かびます。「守る会のみんな、ありがとう」という気持ちになり、日々の診療のモチベーションにもつな

がりました。

●私の考えを変えた一冊の本（トランセンド法）との出会い

　守る会の活動は、その後さまざまなメディアでも取り上げられ、私も多くの取材を受けました。「奇跡」などと、もてはやされたのですが、私は複雑な心境でした。なぜならば、この活動は小さな地域だったから成し得たのであり、たまたまコミュニティがしっかりしていたため成功したのではないかと考えていたからです。ところが、ある本との出会いをきっかけに、その考えは一変しました。『あの人と和解する―仲直りの心理学（集英社新書）』には、「トランセンド法」というカウンセリングの方法が記されていました。トランセンド法は、対立する双方の問題を解決するために「妥協点を見いだす方法ではない」、「第三者（仲介者）が両者の考え・言い分を十分に聞き、対話することによって、二者のゴールを乗り越えたレベルの新たな解決地点（超越点）を見いだそうとするものである」と説明されています。私はすぐに「これって、守る会と私と足立記者のこと？」と考えました。

●問題解決の方法を広く知ってもらいたい

　守る会の発足以前、足立記者によって行われたお母さんたちの座談会では、医師や病院に対する不平や不満の意見にあふれていました。先にも書きましたが、まさに医師と患者の対立です。このように双方の要求の方向性が異なりかけ離れている場合、お互いの気持ちや背景を理解しあうためには話し合いをもてばよいのですが、直接的な交渉は受け入れがたいことがあります。一方、仲介者の言葉は受け入れやすい場合があります。丹波地域の例は、このトランセンド法という解決方法を知らぬ間に実行していたのです。この方法は、世界の紛争を治めるときにも用いられる方法でもあり、国連でも採択されているカウンセリング方法なのです。このような普遍的な方法で丹波医療が再生したのであれば、他の地域でも応用できるはずです。現在は、あらためて全国に皆さんに守る会の活動を知っていただきたいと思っています。

付録　ピアメディエーション学会の設立について

【設立の趣意書】

　現在の児童・生徒・学生たちには、コミュニケーション能力の育成は欠かすことができません。人の話を聞いて理解する、自分の思いを的確に伝える、友人関係を築く、対人とのもめごとを話し合いで解決するなどは、安全で安心な学校文化を構築 or 形成する基本です。

　ピアメディエーションは児童・生徒・学生のコミュニケーション力を育成して、対話によってトラブルを解決する方法を学習することに主眼をおいています。対人のもめごとは、学校だけで起きるものでありません。家庭の中、近隣社会でも起きる可能性があります。家庭では親がトラブルをどのように解決するかのモデルになることが求められます。保護者にもピアメディエーションを学んでいただくことによって、平和な家庭の建設への一助にすることもできます。

　このようにピアメディエーションには、児童・生徒・学生が問題の解決者となり、社会のルールを設定し、平和な社会を建設できる能力を育成できます。つまり、①予防効果、②児童・生徒・学生のエンパワメント、③実際のトラブル解決という三段階の効果が期待できます。

【ピアメディエーションの特色】

　ピアメディエーションには次の特色があります。
　　1　課題や問題 or トラブル解決に参加できるエンパワーの教育ができる。
　　2　学校や家庭の教育力向上が望める。
　　3　ピアメディエーション教育を受けた人は現実に即した解決ができる。
　　　（WIN−WINの解決）

4　同意を形成するプロセスが確立できる。

   5　学校や社会のルールが確立する。

　それぞれの学校のニーズに合ったプログラムを作成し、どのような規模で展開するかを決定することができます。また、どのような問題をピアメディエーションで扱うことができるのかについてある程度の同意を形成することが必要です。対人のもめごとは、いじめのような暴力問題や金銭の貸借、誤解、関係の悪さ、何らかのストレスや圧力、風評被害、などが考えられます。一般に、ピアメディエーション教育には次の訓練プログラムが含まれています。

   1　メディエーションルールの説明

   2　対人トラブルの発生とその特色

   3　トラブルの解決方法の発見

   4　怒りや悲しみなどの感情への対処

   5　コミュニケーション技術の訓練「言い換え」「要約」などの技法

   6　他者の視点を理解する訓練

   7　メディエーションプロセスの理解と実演

   8　話を伝える技術・自分の視点や気持ちの表明

   9　ブレーンストーミングの方法

   10　トラブル or 問題の解決と解決にいたる同意の形成

   11　守秘義務

   12　メディエーションプロセスの訓練

　このようなエンパワー教育によって、児童・生徒・学生たちにさまざまな能力を育成することができます。特に、自己を尊重し、他者を尊重し、ルールを尊重するという人間が育成できます。また、自分と異なる意見や見解を受け入れるだけではなくて、それぞれの意見を寛容さと公正な態度で評価するだけでなく、意見の違いを乗り越えて同意を形成する能力が育成できるようになります。つまり、次の能力が育成できます。

① 事実を客観的に理解する能力だけではなく、人はどのように事実を認識するかを理解できる人間の育成
② 共感しながら、激高することなく、自己の感情をコントロールできる人間の育成
③ 自己の意見や、気持ち、何に関心があるかを相手に理解してもらえるように的確に表現できる人間の育成
④ 難解な問題を粘り強い態度で解決に向かって努力し、創造的なひらめきによって解決できる人間の育成
⑤ 具体的なレベルだけでなくて、抽象的なレベルでも内省して考える力、未来への信頼などができる人間の育成

最後に、付け加えたいのが他者の過ちや実際にあった危害をゆるすという寛容さの教育、あるいは意図せずに犯してしまった危害に対して謝罪し、つぐないをするという行動の修正の教育も、このメディエーション教育に含まれます。対人トラブルの多くは誤解やコミュニケーションの不足によって生まれます。過剰に反応してしまった、後から考えると自分にも過失があったと思うことも多いでしょう。

関東地区では、ワークショップを計画いたします。皆様の参加をいただき、学校での実践報告、研究、報告、文献調査などの発表を募集いたします。

事務局は特定非営利活動法人シヴィル・プロネット関西が担当します。お電話・メールによるお問い合わせはシヴィル・プロネット関西事務局までいただけましたら幸いです。

特定非営利活動法人シヴィル・プロネット関西
　TEL06-6364-0241　FAX06-6364-4800
　※ TEL は、なにわ橋法律事務所につながりますので、『シヴィル・プロネット関西事務局を』とお伝えいただけましたら幸いです。

E-mail：jimu@npoadr.info
WEB：http://www.npoadr.info/

【著者紹介】

水野修次郎

　立正大学心理学特任教授。教育学博士（ジョージワシントン大学）。臨床心理士。キャリアコンサルタント。日本カウンセリング学会認定スーパーバイザー。ピアメディエーション学会会長。

　著書：『カウンセリング練習帳―人間関係システム視点』ブレーン出版、2001年。『よくわかるカウンセリング倫理』河出書房新社、2005年。著訳『最新カウンセリング倫理ガイド―カウンセラー必携：ACA倫理綱領対訳とAPA倫理綱領全文訳』河出書房新社、2006年。共編著『グローバル時代の幸福と社会的責任―日本のモラル、アメリカのモラル』麗澤大学出版会、2012年。共著『争いごと解決学練習帳―新しいトラブル防止教育』ブレーン出版、2004年。『個と家族を支える心理臨床実践Ⅰ―個人療法に活かす家族面接―』金子書房、2015年。『カウンセラーのためのパフォーマンス学―信頼を確立する基本スキル』金子書房、2015年など。翻訳書多数。

井上孝代

　明治学院大学名誉教授。博士（教育心理学：九州大学）。臨床心理士。調停員、心理カウンセラー、総務庁青年の船の指導官などを歴任。現在は、MCC目黒（井上孝代マクロカウンセリングセンター）主宰。トランセンド研究会名誉会員。

　著書：『留学生担当者のためのカウンセリング入門』アルクJAFSAブックレット、1997年。『留学生の異文化間心理学―文化受容と援助の視点から』玉川大学出版部、2001年。『あの人と和解する―仲直りの心理学』集英社新書、2005年。『コンフリクト解決のカウンセリング―マクロ・カウンセリングの立

場から』風間書房、2012年。共編著『共感性を育てるカウンセリング―援助的人間関係の基礎』川島書店 マクロ・カウンセリング実践シリーズ、2004年。編著『コンフリクト転換のカウンセリング―対人的問題解決の基礎』川島書店 マクロ・カウンセリング実践シリーズ、2005年。『コミュニティ支援のカウンセリング 社会的心理援助の基礎』川島書店 マクロ・カウンセリング実践シリーズ、2006年。『エンパワーメントのカウンセリング―共生的社会支援の基礎』川島書店 マクロ・カウンセリング実践シリーズ、2007年。『つなぎ育てるカウンセリング―多文化教育臨床の基礎』川島書店 マクロ・カウンセリング実践シリーズ、2007年など。『臨床心理士・カウンセラーによるアドボカシー―生徒、エイズ、吃音・精神障害者、性的・民族的マイノリティ、レイプ・DV被害児（者）の声を聴く』風間書房、2013年。『トラウマケアとPTSD予防のためのグループ表現セラピーと語りのちから―国際連携専門家養成プログラム開発と苦労体験学の構築』風間書房、2016年。監訳書多数。

ワークブック
「対話」のためのコミュニケーション
―ピアメディエーションによるもめごと防止―

平成29年8月4日　第1刷発行

ピアメディエーション学会監修
　著　者　水野修次郎 ©
　　　　　井上孝代 ©
　発行者　小貫輝雄
　発行所　協同出版株式会社
　　　　　〒101-0054　東京都千代田区神田錦町2-5
　　　　　　　　電話　03-3295-1341（営業）　03-3295-6291（編集）
　　　　　　　　振替　00190-4-94061
乱丁・落丁はお取り替えします。定価はカバーに表示してあります。

ISBN 978-4-319-00299-3